# LA
# NORMANDIE ANCESTRALE

Dr STÉPHEN CHAUVET

Membre de la Commission des Monuments historiques

# LA NORMANDIE ANCESTRALE

Ethnologie,

Vie, Coutumes, Meubles, Ustensiles,

Costumes, Patois.

*ANCIENNE LIBRAIRIE FURNE*

BOIVIN ET Cie ÉDITEURS

3 et 5, rue Palatine,

PARIS (VIe).

# PRÉFACE

« La Normandie n'est ni une province, ni un assemblage de départements, c'est une nation. »

Émile DE LA BEDOLLIÈRE.

« Quand ils disent de partout que les nationalités décampent, plantons-nous hardiment, comme des Ternes, sur la porte du pays d'où nous sommes et n'en bougeons pas ! »

BARBEY D'AUREVILLY.

« Je ne connais pas de nation qui puisse présenter au monde une histoire plus glorieuse que celle de la Normandie et je n'ai jamais vu de cité d'un aspect plus fier et plus noble que Coutances. »

Lettre de M. Ch. Haskins, célèbre savant de l'Université Harward (Cambridge, Etats-Unis) à M. Dolbet.

« La Normandie est la province du royaume qui a produit le plus de gens d'esprit et de goût pour les sciences. »

Encyclopédie. Article : *Normandie.*


Les guides de Normandie, quels qu'ils soient, sont consacrés aux villes et aux principaux monuments qu'elles possèdent. Ils ne décrivent pas les caractéristiques ethniques des habitants, leurs coutumes ancestrales, les particularités de leur nourriture, leurs vieux costumes et leurs anciens bijoux, leurs meubles et ustensiles traditionnels et enfin leur patois. Bref, ils ne placent pas l'étranger qui visite la Normandie (le « horzain », comme disent les Normands) dans l'ambiance de cette province; ils ne lui font pas comprendre quelle est l'âme des habitants et du pays, ni en quoi cette région diffère des autres provinces de France. Cette remarque n'est d'ailleurs pas spéciale à la Normandie. Les autres provinces sont placées à la même enseigne. C'était donc là une première raison d'écrire l'étude qui va suivre. Il en est une autre encore plus impérieuse : la Normandie est, malheureusement, une des provinces les plus proches de Paris; elle a eu, d'autre part, le premier chemin de fer : si bien qu'elle est entrée, malheureusement, avant toutes les autres provinces, dans cette ère de civilisation moderne qui unifie tout et qui a tué : les diligences, le cachet des vieilles hostelleries et des anciennes bourgades, les vieux usages, les vieux costumes et, enfin, le vieux patois. La vogue de la Normandie, la création de plages fastueuses, l'automobilisme ont accéléré encore cet effacement du passé joli. Tant et si bien que les vieilles coutumes normandes disparaissent progressivement: les vieux costumes n'existent plus : les vieilles coiffes normandes, si jolies et si seyantes sont abandonnées depuis longtemps déjà par les paysannes qui leur préfèrent, hélas, des chapeaux ridicules dérivés de ceux des grandes villes ; les armoires, les horloges, les coffres normands anciens sont raflés dans les « vendues » par les antiquaires ou les excursionnistes. Il en est de même des ustensiles ménagers traditionnels (cannes de cuivre, pichets d'étain, etc...). Le patois, enfin, combattu dans les écoles, disparait petit à petit.

Pour éviter que tout ce passé ne tombe dans l'oubli, il m'a donc paru utile de réunir en un volume, dont toute préoccupation littéraire est bannie, tous ces éléments disparates dont l'ensemble faisait la personnalité de la province normande et le cachet et le charme de notre petite patrie.

Ce qui prouve qu'il était grand temps d'établir cette œuvre de documentation, c'est qu'un nombre considérable de Normands ignorent déjà, non seulement la plupart des coutumes normandes, mais encore ne savent même plus le nom de beaucoup d'objets et d'ustensiles du temps passé (quand ils n'en ignorent pas jusqu'à l'existence). Aussi ai-je eu les plus grandes peines à glaner les matériaux nécessaires à ce travail, en apparence fort simple, mais qui résume des recherches et des études poursuivies, sans relâche, depuis plus de quinze ans. Il m'a été nécessaire d'étudier tous les musées de Paris et de Normandie où se trouvaient des meubles, des objets, des costumes relatifs à la Normandie. Pour trouver certains ustensiles, j'ai dû assister à de nombreuses « vendues », visiter un nombre considérable de manoirs et de fermes normands et parcourir, à de multiples reprises, les boutiques de la plupart des antiquaires et des chiffonniers de Normandie. Il m'a été indispensable de lire de nombreux livres et revues, anciens et contemporains, de parcourir de vieux inventaires, de très anciens contrats, et d'étudier les vieilles gravures et lithographies qui pouvaient renfermer des renseignements sur certaines choses de ma province. Et comme des quantités de faits n'ont été l'objet d'aucun travail, j'ai dû, pour obtenir les renseignements dont j'avais besoin, pour retrouver certains noms d'objets et leurs usages, pour recueillir certaines traditions orales, interroger de nombreux vieillards normands.

Pour donner une idée des difficultés que l'on peut avoir pour établir certains chapitres, faute de tous documents, anciens et modernes, qu'il me suffise de signaler, par exemple, celles que j'ai rencontrées quand j'ai eu à écrire le chapitre sur les meubles normands. Il n'existe, en effet, actuellement, aucun travail, de quelque ordre que ce soit, sur le mobilier normand. Or, il est impossible de connaître avec quelque précision, quand on a commencé à fabriquer des bahuts et des coffres normands et quand on a cessé d'en construire; comme il est impossible de trouver un document permettant de savoir de quelle époque à quelle époque on a employé certains styles de coffres ou certains motifs décoratifs. Les mêmes difficultés surgissent pour les armoires, pour les horloges et pour les fontaines. Quand a-t-on commencé à construire des caisses d'horloge de tel ou tel style?... Quand a-t-on commencé à construire les horloges à proprement parler? De quelle date à quelle date a-t-on monté des horloges à cadran d'étain, ou de cuivre, ou d'émail? Interrogez les conservateurs de musées, les antiquaires, les vieux horlogers qui ont eu en mains des centaines d'horloges, ils ne peuvent vous donner aucun renseignement. Un très grand nombre d'horlogers ne connaissent même pas les différents types de cadrans; ils savent encore moins l'ordre chronologique dans lequel ils se sont succédé! car cet ordre n'est noté nulle part et le présent travail est le premier dans lequel il soit approximativement indiqué. Pour y arriver, j'ai dû, faute de tout document (comme pour les coffres, armoires, etc...) étudier un nombre considérable d'horloges afin de trouver quelques dates inscrites sur les cadrans ou sur les caisses et fouiller de vieux inventaires d'églises et de confréries, ou des inventaires après décès, conservés dans de vieilles familles. J'ai pu ainsi réunir presque tous les types d'horloge et indiquer à peu près l'ordre chronologique dans lequel se sont succédé ces divers types. Mais il est impossible de faire plus et de préciser davantage. Une date marquée sur un cadran n'indique pas le moment où le type a commencé à être fabriqué. Elle indique seulement l'époque de la construction de l'horloge elle-même. Et cette date n'indique même pas que le cadran sur lequel on la relève était le cadran du type communément fabriqué à cette époque, car, en raison de l'esprit traditionnaliste et de la routine, les horlogers des petits centres continuaient souvent à construire des horloges à cadran d'étain, par exemple, quand les cadrans de cuivre existaient depuis longtemps déjà. De même, on construisait encore en pleine époque Louis XV des armoires de style Louis XIV. Il n'existe donc, comme je viens de le dire, aucun travail sur le mobilier normand, indiquant les dates extrêmes entre lesquelles les artisans construisaient tel ou tel meuble et pour un meuble en particulier, tel ou tel style de ce meuble. Bien mieux, il n'existe même pas un travail d'ensemble iconographique des divers meubles et des divers types de ces meubles, accompagné d'une description sommaire de ceux-ci. Et même, pour s'en tenir à la première difficulté, comme il n'existe nulle part, dans aucun musée comme chez aucun amateur, une collection d'ensemble de tous ces meubles, on ne peut savoir combien il est difficile d'arriver à trouver un exemplaire absolument authentique et caractéristique (et non modifié par des sculptures de seconde main) des divers types de chacun des meubles normands : coffres, bahuts, armoires, horloges, fontaines, vaisseliers, etc... Si, enfin, on veut trouver un beau spécimen de chaque meuble, les difficultés sont encore plus grandes. Veut-on quelques précisions?... Le musée de Coutances ne possède ni coffre, ni bahut, ni vaisselier, ni horloge anciens, non plus qu'aucun des ustensiles traditionnels d'une vieille ferme normande. Il possède une armoire Louis XIV, mais ni armoire Louis XIII ni armoire Louis XV et Louis XVI. Le musée ethnographique d'Honfleur, créé grâce à l'initiative de M. L. Le Clerc, ne possède aucun coffre à plis serviette, aucun coffre à panneaux ornés de losanges ou de têtes sculptées, aucun coffre d'abbaye représentant des sujets religieux, etc...: il a une armoire Louis XIII mais n'a pas d'armoire Louis XIV. Enfin, il ne possède pas toute la série des horloges. Je pourrais multiplier les exemples.

Aussi ce travail, encore qu'il résume de longues recherches, doit-il nécessairement comporter quelques oublis et quelques inexactitudes puisqu'il représente la première tentative d'une étude synthétique du mobilier normand. C'est pourquoi je fais appel à tous ceux qui le liront pour qu'ils rectifient les erreurs qu'il peut contenir et me transmettent les précisions qu'ils peuvent connaître sur les divers sujets étudiés dans ce travail.

Un dernier point me reste à signaler. Comme, malgré de grands traits communs, hommes, coutumes et choses présentent des particularités importantes selon les multiples régions de la Normandie, un livre qui tenterait de décrire, pour chacune de ces régions, les diverses matières étudiées dans ce travail, serait un ouvrage considérable. Je me suis donc limité à l'étude des hommes, des usages, des costumes, des meubles, des ustensiles et du patois de la Basse-Normandie de l'arrondissement de Coutances. Mais ce serait une erreur de croire que ce qui est contenu dans cette étude ne décrit que ce qui concerne cette région. Tout ce qui est relatif aux meubles (coffres, bahuts, armoires, vaisseliers, horloges, fontaines, etc...) est vrai pour tout le mobilier de toute la Basse-Normandie et même, à part quelques points particuliers, de toute la Normandie en général. Tout le chapitre consacré à l'habillement et aux coiffes en général, s'applique également à toute la Normandie; il n'y a de spécial à Coutances et aux environs que la description ou plutôt la représentation des principales formes de coiffes. Il suffirait de représenter les coiffes des autres régions pour que ce chapitre soit valable pour toute la Normandie. Les ustensiles ménagers qui sont étudiés sont ceux qui étaient et sont encore employés dans toute la Basse-Normandie. La plupart des usages et des coutumes et les généralités sur les foires et sur la nourriture sont communs à toutes les régions de Basse-Normandie et même à presque toute la Normandie. Toutes les généralités sur le croisement des Northmans avec les populations autochtones habitant le territoire de la Neustrie (future Normandie) ne sont pas spéciales aux environs de Coutances ni même à la Basse-Normandie. Elles concernent aussi la Normandie tout entière. Il en est de même des grands traits du caractère des Normands.

Si bien qu'à propos de la Basse-Normandie des environs de Coutances, ce travail renferme, en réalité, une étude des hommes, de la vie et des choses de toute la Basse-Normandie et que beaucoup de documents sont même vrais pour la Haute-Normandie. Ce qui est spécial à la Basse-Normandie des environs de Coutances, ce sont quelques particularités sur les caractères ethniques somatiques des habitants, sur certaines coutumes, sur certains détails de l'habillement et sur les formes de coiffes spéciales à cette région, et enfin sur certains objets mobiliers (les fontaines de terre n'étant pas les mêmes, par exemple, que celles de la vallée d'Auge ou celles de Rouen; le vaisselier n'ayant pas tout à fait la même forme qu'aux environs de Lisieux ou d'Honfleur, etc ..).

Le chapitre consacré au patois, enfin, encore qu'il décrive les grands traits du patois normand et qu'il donne une idée générale de ce qu'est cet idiome, est évidemment, lui aussi, spécial à l'arrondissement de Coutances. Il ne faut pas oublier, d'ailleurs, que dans un même département, voire même dans un même arrondissement, le patois présente, selon les régions, un certain nombre de variantes.

Et puisque ces remarques sur le patois terminent cette longue préface, je tiens à remercier ici MM. Louis Beuve et Ch. Leboulanger, et M<sup>me</sup> Énault qui m'ont si gracieusement autorisé à reproduire quelques spécimens savoureux de la littérature patoisante du Bas-Cotentin. Je remercie également, mon ami M. Pascaud, qui a photographié si remarquablement un certain nombre de documents qui illustrent ce travail.

Aux Eyzies, berceau de l'art, mai 1920.

# LES CARACTÉRISTIQUES ETHNIQUES
# ET PSYCHIQUES DES NORMANDS
## (de Basse-Normandie).

*Introduction à l'étude de la race normande.*

C'est une profonde erreur que de croire que le mélange des Normands et des Celtes a procréé une nouvelle race possédant des caractères physiques et psychiques différents de ceux des souches originelles et provenant de l'alliage, dans une certaine proportion, des caractères appartenant à l'une et l'autre race. Lorsque l'on croise des êtres de races différentes, on n'obtient jamais une « régénération de sang » comme l'on croit communément et encore moins « une race nouvelle ». Les êtres issus de semblables unions évoluent fatalement vers l'une ou l'autre des deux solutions suivantes :

1° Ou bien, dès la première génération, ou au bout d'un temps un peu plus long, la race s'éteint sans enfants. En attendant cette disparition, les procréés ne constituent pas une race nouvelle, ayant des caractères spéciaux résultant de modifications heureuses des caractères physiques et psychiques des premiers procréateurs. Ce sont, au contraire, des êtres ayant certaines tendances empruntées à l'une des races et d'autres tendances, inconciliables avec les premières, empruntées à l'autre race. Donc, loin d'être meilleurs que chacun des procréateurs pris isolément, loin d'avoir un défaut de l'un tempéré par une qualité opposée de l'autre, ces êtres, parfois bien constitués au point de vue physique, possèdent, au contraire, au point de vue psychique, une curieuse et néfaste juxtaposition de facultés et d'instincts empruntés à l'un et l'autre des premiers procréateurs. Si bien que, selon les circonstances, leur inconscient sera entraîné tantôt par les instincts de l'un des ascendants, tantôt par ceux de l'autre et que, même dans des circonstances identiques, à quelque temps d'intervalle, ils pourront agir de façons toutes différentes, parce que les lois encore mystérieuses de l'hérédité les feront obéir tantôt aux instincts de l'un, tantôt à ceux de l'autre des premiers procréateurs (ou même des ascendants de ceux-ci). Il en résulte une instabilité du caractère (au sens psychopathologique du mot) une instabilité du sens moral, un déséquilibre (au sens physiologique du terme) des facultés intellectuelles et morales, qui font de ces êtres des instables, incapables de se fixer dans une profession, des « originaux », des indécis, des êtres alternativement surexcités ou déprimés et des tarés moraux (1), pouvant même devenir des délinquants. Ces

(1) On pourra m'objecter que les croisements de race ont engendré quelques êtres de valeur qui se sont fait un nom dans les sciences ou dans les arts (plus généralement dans ceux-ci). Je puis faire remarquer, à mon tour, que j'envisage la règle générale et que quelques exceptions n'en infirment pas les conclusions. Si je dis qu'il est dangereux pour des êtres humains de tomber du quatrième étage, on pourra m'objecter également que quelques hommes sont tombés de cette hauteur et s'en sont tirés sains et saufs. La règle générale n'en a pas moins de valeur. Il est à noter d'ailleurs que les très rares exceptions que l'on peut citer en faveur du croisement des races infirment d'autant moins l'opinion que je soutiens que, pour qui connaît l'histoire intime de ces hommes de valeur, il est avéré qu'à côté des facultés qui les ont mis en vedette, ils étaient précisément déséquilibrés pour d'autres facultés, ou qu'ils ont procréé des êtres tarés. Les lecteurs que cette importante question intéresse, consulteront avec profit la thèse

êtres sont donc, en général, des inutiles pour la société, lorsqu'ils ne sont pas nocifs, et font le malheur de leurs parents. Ainsi, à voir les choses de haut, n'est-il pas mauvais que leur race, qui n'en est pas une [car ce sont, si j'ose m'exprimer ainsi, des « mulâtres » du cerveau (quand ils ne le sont pas somatiquement)] s'éteigne rapidement, faute de

Fig. 1. — Normands sur un des *drakkars* qui les ont amenés en Normandie, au IX⁰ siècle sous la conduite de Brier (dit Côte de fer) et du célèbre Hastings (1). (Fragment de la tapisserie de la reine Mathilde, à Bayeux.)

descendance ou qu'elle subisse la deuxième évolution qu'il me reste à exposer rapidement.

2⁰ La seconde évolution possible pour des êtres procréés par des individus de races différentes a été reproduite, expérimentalement, chez les végétaux, par Mendel. Il résulte

du Dr SÉRIOT sur « Le rôle néfaste du croisement des races sur la formation du caractère ».

(Thèse de doctorat en médecine. Paris, 1919.)

(1) Pour l'historique de leurs invasions successives dans les environs de Coutances, consulter : *Coutances et ses environs*. Guide historique, descriptif et illustré, par Stephen CHAUVET. — Champion, éditeur, Paris, 1921.

de ces travaux, que l'on trouvera exposés dans le livre du
D Sériot (et qui sont vérifiés en biologie humaine), que deux
êtres de races différentes ne peuvent pas engendrer une
souche nouvelle. Fatalement [quand il n'y a pas extinction
de descendance, comme il vient d'être dit], les descendants
au bout d'un certain nombre de générations, reprennent
entièrement tous les caractères physiques et psychiques de
l'un ou l'autre des premiers procréateurs. C'est le processus
de regressivité.

Il était nécessaire d'exposer ces généralités avant d'aborder
les considérations sur les caractéristiques physiques et
psychiques des Normands. Il est dès lors facile de comprendre que le mélange des Normands et des Celtes n'a pas
engendré une race nouvelle, et qu'à l'heure actuelle, il
n'existe pas une race normande à proprement parler [englo-
bant tous les individus qui, depuis des siècles, habitent en
Normandie] et résultant d'unions entre les Normands et
Normandes (au sens topographique du mot). Il y a, en
Normandie, du fait des deux processus : d'extinction et de
regressivité, ci-dessus signalés [et qui ont évolué au cours des
siècles derniers], des descendants de Celtes, d'une part et
des descendants de Northmans d'autre part. Ces derniers
seuls doivent nous préoccuper au point de vue ethnique. Il
est bien évident, d'ailleurs, à cet égard, que c'est surtout
loin des villes et loin des chemins de fer que l'on a le plus
de chance de rencontrer le type pur des descendants de
Northmans. Cet éloignement, en évitant, en effet, d'autres
croisements de races au cours des siècles passés, a permis
aux habitants de ces régions de remonter à leurs types pri-
mitifs et, entre autres, au type Northman. A cet égard, le
Cotentin, en raison de son éloignement de Paris et de son
isolement d'avec d'autres départements voisins (puisqu'il est

entouré d'eau de trois côtés) présente un nombre beaucoup plus grand d'individus issus de race pure, que tous les autres départements normands.


*Les Normands.*


Les Normands purs de Basse-Normandie sont de grande taille ; ils ont des yeux bleus, des cheveux blonds, ou roux ou châtains très clair et la barbe assez rare. Cette dernière particularité adjointe à cette autre que leurs traits sont réguliers et harmonieux, est peut-être une des raisons pour lesquelles, jusqu'il y a quelques années, ils avaient le visage rasé et ne gardaient guère un peu de barbe qu'au devant des oreilles. Les femmes normandes sont robustes et souvent de jolie carnation. Par contre, il n'est pas rare d'en rencontrer beaucoup de jeunes avec des dents fort abîmées. Il est possible que celles-ci soient altérées par l'acide malique contenu dans le cidre. Les grossesses, d'autre part, en déminéralisant l'organisme, favorisent l'action corrosive de cet acide.

Les principaux traits du caractère des vrais Normands sont les suivants : Ce sont des hommes de réalisation, fortement trempés, braves (1), fins et rusés, profondément indé-

---

(1) *a*) « Le Normand, dont tous les historiens s'accordent à célébrer les exploits, est terrible dans une querelle de cabaret comme sur un champ de bataille » ... « que son sang soit fouetté par les vapeurs alcooliques ou que sa bravoure soit éperonnée par le bruit du canon, dans une lutte corps à corps comme dans la mêlée, pour sa défense personnelle comme pour celle de sa patrie, il est d'une intrépidité tenace et ne recule jamais. »

(Émile DE LA BÉDOLLIÈRE, *Les Français de Province.*)

*b*) La bravoure proverbiale des Normands n'a pas dégénéré depuis les temps reculés où ils étaient la terreur des peuples qu'ils combattaient. Le

pendants, pourvus d'un solide bon sens (1), tenaces dans
l'effort et aimant l'ordre et la règle. Laborieux et économes,
ils n'aiment pas conter leurs affaires à ceux qu'elles ne
regardent pas, ce qui est, d'ailleurs, une forme de la discré-
tion et de la modestie naturelles aux individualités puissantes. En présence d'un inconnu, d'un « horzain », ils ne
cherchent pas à prendre contact avec lui, à tout prix, sous
n'importe quel prétexte, comme le font tant de gens, par
besoin de causer, d'être familier, d'apprendre ce qu'est le
nouveau venu et, « vice versa », de l'épater avec ce qu'on est
ou ce que l'on sait. Le Normand ne dit rien; il observe et se
tient sur la défensive. Doit-il parler, il reste circonspect.
On l'accuse de ne dire ni oui ni non. C'est un reproche
absolument faux. Ceux qui le formulent, ou bien répètent
niaisement un lieu commun sans se donner la peine de le
vérifier, ou bien sont de piètres observateurs. La vérité est,
comme le dit Albert Petit, que « le Normand n'a pas le
mensonge facile et ingénu des races ensoleillées, mais
tourne sept fois sa langue avant de dire le fond de sa pensée ». Ce n'est pas le manque de franchise qui le fait agir
ainsi, mais il n'aime pas parler pour ne rien dire : donc,
il réfléchit; d'autre part, il n'aime pas se dédire : donc,
il attend avant de s'engager; il n'aime pas enfin rouler

maréchal Foch qui vit à l'œuvre, pendant la guerre de 1914-1918, les régi-
ments normands, s'est plu à dire, un jour, à un de nos ministres, normand
lui-même : « Quand je savais que dans un endroit critique il y avait un
régiment normand, j'étais tranquille. »

(Bulletin des Normands de Paris, juillet 1920.)

(1) » La Normandie est une grande famille dont les enfants possèdent en
commun le bon sens, l'intelligence, la ténacité, le courage, qu'ils tiennent
de la race; mais ils n'ont ni la même taille, ni la même figure, ni le même
caractère. L'aîné, qui habite dans le Cotentin septentrional, la maison pater-
nelle, est le digne héritier de ces hommes du Nord qui cheminaient gaie-

les gens, mais il déteste être roulé : donc, il se méfie. Ces raisons lui dictent son calme et sa prudence et retardent le moment où il donne définitivement sa pensée et sa parole. Et d'ailleurs, qu'il ne s'agisse pas d'affaires ou qu'il n'y ait pas lieu de se méfier de l'inconnu qui se présente à lui, il n'est pas d'homme plus hospitalier que le Normand.

Des dictons prêtent encore aux Normands d'avoir « les mains crochues » et « d'aimer les procès ». Ces deux constatations sont également fausses. Le Normand n'a pas les mains crochues en ce sens qu'il ne prend pas aux autres ce qui leur appartient, mais il tient farouchement à ce qu'on lui laisse ce qui lui est dû, ou à garder ce qu'il a acquis par son travail et sa volonté. Pour ce qui est du goût des procès, il y a lieu de distinguer. Assurément le Normand, en général, aussi bien de Coutances et des environs, que de tout le Cotentin et des autres départements, passe, depuis des siècles pour aimer la chicane et les procès. Mais, encore une fois, ce Normand qui a l'esprit processif (ce qui d'ailleurs n'est pas une tare, car il est bon de savoir se défendre avec la loi depuis qu'on ne peut plus le faire avec son épée),

ment « sur la route des Cygnes » (1) et qui chantaient quand l'orage n'avait pas brisé leurs frêles navires : « La force de la tempête aide le bras de nos rameurs; l'ouragan est à notre service; il nous jette où nous voulons aller. » Il est grand, fort, brave, téméraire, comme ses ancêtres. Le second qui est de taille moyenne, habite Rouen...

JOANNE, La Normandie.

(1) C'est en suivant la route des Cygnes, que les Northmans abordèrent aux Feroë (en 725), puis en Islande, au Groënland, à Terre-Neuve, au Labrador, au Vinland (Massachusetts et Rhode-Island), etc. — Bref, ils découvrirent l'Amérique, au x<sup>e</sup> siècle, bien avant Christophe Colomb. Il est à noter d'ailleurs qu'en 1477 le malin Génois fit des croisières en Islande et au Groënland pour se documenter sur les explorations normandes et qu'en 1492 lors de la célèbre traversée, le vaisseau de Colomb était précédé d'une caravelle commandée par Alphonse Pinçon, transfuge de la flotte qu'en 1488, Jean Cousin, d'Honfleur, avait conduite au Brésil.

n'est pas le vrai Normand. C'est l'habitant de Normandie, descendant des Neustriens. Cette distinction a été fort bien exposée par Émile de la Bédollière. Lorsque les Romains s'installèrent en Gaule, ils furent des dominateurs inflexibles devant lesquels les Neustriens courbèrent la tête. Lorsqu'au contraire, les Northmans acquirent le duché de Normandie, ils ne furent pas tyranniques. Ils laissèrent aux Neustriens une grande partie de leurs terres. Ceux-ci, qui n'étaient pas assez forts pour les chasser, les détestèrent sournoisement et tâchèrent de récupérer par la tricherie et la procédure ce qu'ils ne pouvaient reprendre par la force. Dès 1160, dans son *roman de Rou*, Robert Wace (1) constatait ce fait : « Les fourberies de France ne sont pas à cacher. Les Français cherchèrent toujours à déshériter les Northmans et toujours ils s'efforcèrent de les vaincre et de les tourmenter; quand ils ne peuvent parvenir par force, ils ont coutume d'employer la tricherie. Les Français qu'on vantait tant, sont dégénérés, ils sont faux et perfides et nul ne doit s'y fier. » L'occupation anglaise qui dura trente années, augmenta ce côté du caractère des autochtones.

Un dernier fait mérite d'être souligné. Le Bas-Cotentin, comme le reste de la Normandie, est un « pays où l'on parle bien, mais où l'on se méfie des beaux parleurs » (Albert Petit). De là vient que la Normandie qui est « la province du royaume qui a produit le plus de gens d'esprit et de goût pour les sciences » (2) et qui a fourni à la France tant de navigateurs, d'explorateurs et de conquérants hardis, ne lui a donné que peu d'hommes politiques. En cette époque, plus qu'en toute autre, ce fait est particulièrement regret-

(1) Robert Wace raconte au XII<sup>e</sup> siècle dans le *Roman de Rou* l'histoire des ducs de Normandie jusqu'à Guillaume le Conquérant.
(2) Encyclopédie, article . *Normandie.*

table, car le gouvernement français aurait plus besoin de Normands sagaces et résolus, parlant peu, mais voulant et agissant beaucoup, que de talentueux rhéteurs.

*Coutumes anciennes.*

**Fiançailles.** — Deux jeunes gens qui s'étaient rencontrés aux foires ou aux assemblées et, plus simplement, certains soirs, alors qu'ils revenaient, elle de traire et lui de conduire les chevaux dans la pièce où ils devaient passer la nuit, et puis qui s'étaient tus en se voyant, et qui enfin s'étaient avoué, naïvement, qu'ils s'aimaient, décidaient un soir, dans la nuit lourde d'aromes des prés et des bois, de faire faire la demande selon les rites traditionnels.

Le négociateur ou la négociatrice était, généralement, un vieux journalier et une vieille femme qu'on surnommait le *badochet* ou la *badochette* ou le *brouetteur* et la *brouetteuse* ou le *hardouin* et la *hardouine*. Ils s'entremettaient pour faire la demande en mariage et dire un mot des conventions.

Si la demande était agréée, les parents de la jeune fille offraient un plantureux repas d'où les invités partaient souvent après avoir reçu un « bon coup de branche du pommier » qui les incitait à hurler, en rentrant péniblement chez eux, par les vaux et les chemins creux, de vieilles mélopées ancestrales. A dater de ce jour et pendant de longs mois, les promis *se hantaient*. Ils ébauchaient des projets d'avenir; ils commandaient leur armoire et complétaient leurs trousseaux. Puis arrivait le jour des *accordailles* où l'on dressait le contrat et où ils *s'embureautaient* à la mairie.

**Mariage (1).** — « Le mariage civil est accompli sans bruit,

(1) Mariage (Émile DE LA BÉDOLLIÈRE). Mœurs vers 1850, environ.

comme une formalité qui n'engage point, et les noces ne
commencent que la veille du mariage à l'église, le seul
regardé comme légitime. Le matin, les parents de la future
montent dans une charrette trainée par des chevaux ou des
bœufs et, accompagnés d'un *ménétrier* qui *sonne* du violon,
vont chercher le trousseau chez la belle-mère pour le trans-
férer chez le *bruman* (fiancé; de *bru*, et de *man*, homme).
Une énorme armoire sculptée est bientôt chargée sur la
voiture, au-devant de laquelle la sœur ou simplement la
couturière de la mariée s'assied sur des oreillers destinés au
lit nuptial, tenant sur ses genoux un rouet et une quenouille,
symboles des occupations domestiques (fig. 2). Chemin
faisant, la couturière distribue des paquets d'épingles aux
jeunes filles qu'elle rencontre.

Assez fréquemment, la noce va à cheval à l'église, les
femmes assises sur la croupe, en arrière du « maître »
(fig. 3). Les deux époux se placent au milieu de l'église,
sous un crucifix pendu à la voûte, y reçoivent la bénédiction
nuptiale, entendent l'évangile au maître-autel et font une
station à l'autel de la Vierge pour y déposer leurs cierges.
On sort de l'église au bruit des coups de fusils et des
pétards; le convié le plus alerte présente la main à la
mariée, la fait danser un moment et en reçoit un
ruban; un second ruban est la récompense de celui qui la
remet en selle.

Dans les préparatifs du mariage, le transport du trousseau de la future mariée signalé ci-dessus, constituait
à lui seul une cérémonie qui se déroulait selon des rites
charmants. L. Beuve a recueilli, à Vesly, de la bouche
d'une vénérable octogénaire le récit de cet événement, car
c'en était un dans un bourg et on en « jasait » longtemps
encore après les noces. Ce récit figure dans le numéro

du *Bouais Jan* du 8 août 1898 (p. 103) : « Le trousseau de la mariée arrivait, en voiture, huit jours avant la noce, marchant au pas, lentement, le long des bourgs, pour *s'faire bi guetti!* L'armoire, la vénérable armoire normande, trônait, bien en vue, *au mitan de la quertée* de meubles, telle une reine parmi ses sujets. Le grand *caoudron*, la *paesle*, le *biaux mireux*, étaient aussi mis en valeur, artistement disposés, suivant les règles plusieurs fois séculaires, que se transmettaient de génération en génération, les couturières. La quenouille et le rouet y figuraient aussi. Ils étaient soigneusement enrubannés. Après la noce, la jeune mariée allait suspendre sa quenouille à l'autel de la *boun'virge*. Aujourd'hui, ajoute le poète, on ne file plus et l'on remplace la quenouille par un vulgaire bouquet. »

Les mariés recevaient de leurs parents et amis quelques cadeaux parmi lesquels une *houe*, un *louchet* (un truble), une *braie à filasse*, un *carrosse à laver* (1) et son *battoir*, emblèmes du travail que la jeune mariée devait exécuter dans son ménage. Le D$^r$ E. Ozenne (2) rappelle qu'on « procédait minutieusement à la toilette de la mariée, sans oublier d'attacher derrière la coiffe, au-dessus du chignon, un petit miroir encadré de chenille verte et une rose blanche. Ces objets s'appelaient *la relique*. C'était l'emblème de la virginité. Le lendemain du mariage, la relique était placée à la tête du lit des époux : la rose s'était épanouie... »

Après la cérémonie religieuse le cortège, précédé du *ménétrier*, se rendait à pied à la salle du repas si elle était proche. Sinon, comme il n'y avait guère de voitures à cette

---

(1) Baquet dans lequel s'agenouillent les Normandes lorsqu'elles lavent et battent le linge, au bord d'un *douï*.

(2) E. Ozenne. Une visite chez le paysan normand du moyen âge et de la Renaissance. *La Revue normande*, oct. nov. 1919.

époque et que les chemins étaient en très mauvais état, on se rendait à cheval au lieu du festin, chacun ayant sa chacune en croupe. Et c'était de par les champs et les chemins, une pimpante cavalcade, égayée des rires des paysannes casquées de belles coiffes (les *comètes*) dont les grandes ailes blanches et les rubans flottaient au vent.

Fig. 2. — Le trousseau de la mariée, d'après une lithographie de H. Bellangé.
(L'église à gauche est celle de Linverville) (Manche).

Au festin, la *bru* (la mariée) se plaçait au centre. Derrière elle, était tendu un drap blanc sur lequel étaient attachés les bouquets de mariage enguirlandés de feuillage, de fleurs champêtres et de roses, et de flots de rubans blancs. Les invités se plaçaient selon leur bon plaisir. Le repas était copieux. De belles poulardes, rissolées à point, quittaient la broche qui les faisait tourner sans cesse devant une belle flambée de genêt, pour être découpées et passées parmi les invités, sur de grands *plats de compagnie* ornés de dessins bleus. Le bon bère, de pur jus, était versé à pleins *connots*, dans de *biaux godias* de cérémonie, par de nombreux valets et aussi... par le *bruman* (le marié) qui, selon l'usage, revêtu d'un tablier et les manches retroussées, servait les gens de la noce! Des chants, des divertissements animaient la fin du repas. Lorsque ce dernier était terminé, tout le monde allait faire un petit tour en plein air, de par les prés et les plants, puis on revenait souper.

Enfin arrivait l'heure de la danse qui durait, générale-

Fig. 3. — Une noce en Normandie, d'après une lithographie de H. Bellangé.

ment, pendant presque toute la nuit. Au petit jour les invités partaient; il ne restait que les amis intimes; ceux-ci allaient porter aux mariés, qui s'étaient retirés pendant la fête, des rôties contenues dans une écuelle d'étain à oreilles qu'on avait maintenue au chaud, devant l'âtre flamboyant, dans la corbeille d'un des landiers. Ce rite était l'occasion de quelques plaisanteries. Puis la chambre se vidait, et pendant que l'aurore se levait, les jeunes mariés pouvaient, enfin, goûter, loin du bruit, un sommeil réparateur.

Au cours du chapitre suivant, on verra que le trousseau de la mariée, ce trousseau qui était l'œuvre de tant de veillées et qui comportait des vêtements et des coiffes si seyantes, était livré la veille des épousailles.

Maintenant, hélas! tout cela est bien tristement modifié. Le trousseau est acheté, tout fait, dans un magasin de nouveautés, de la petite ville voisine. Les coiffes, les fichus ont disparu ainsi que le rouet. La belle armoire de chêne sculpté est remplacée soit par une armoire à grands panneaux tout unis, en bois blanc (peint de façon à imiter les nervures du bois), ou bien, si les futurs époux sont aisés, par une armoire à glace, « le plus platement hideux de tous les meubles », au dire de Banville. Le jour du mariage, la mariée, habillée de soie et portant simplement un voile blanc au-dessus de son chapeau(!) prend place dans la voiture à deux roues qui sert à aller au marché, à côté de son époux, habillé d'un veston foncé (orné à la boutonnière d'un petit bouquet de fleurs d'oranger) et coiffé d'un chapeau melon. Les invités de la noce suivent dans d'autres voitures. La couturière qui a fait la robe de la mariée, a encore, cependant, un petit privilège. Elle fleurit de petits bouquets de fleurs d'oranger les personnes de la noce et parfois celles qu'elle rencontre sur la route qui mène à l'église, et reçoit, en échange, une obole.

Mais où sont les beaux meubles et les délicieuses coutumes du vieux mariage d'antan?

*Les Veillées et le trousseau.*

Dans les temps anciens, existait, en Normandie, comme ailleurs, en dépit du caractère individualiste des habitants, la coutume charmante des « veillées ». Les gens d'une ferme

et même de quelques fermes voisines, se réunissaient, le
soir venu, auprès d'un bon feu de bois. Un *grasset*, piqué
dans un « *béga* », éclairait l'assistance.

Pendant ces veillées, on se racontait les événements
contemporains et aussi les vieilles légendes qui se transmettaient ainsi de génération en génération. Les fermières
et les servantes filaient le lin destiné au linge de la ferme.
Les jeunes filles confectionnaient la plus grande partie de
leur trousseau. Celui-ci était toujours très important. L'a-
bondance des pièces (nécessitée par la coutume de la lessive
bi-annuelle), la qualité des étoffes et des toiles faites à la
main, le soin avec lequel on les entretenait, expliquent que
le trousseau durait, en général, pendant toute la vie de sa
propriétaire; certaines pièces même se transmettaient de
mères en filles, ainsi que les bijoux. Pour donner une idée
de ce qu'était un trousseau normand, je transcris ci-dessous
copie du chapitre relatif au trousseau qui est contenu dans
le « traité de mariage » rédigé le 23 may 1792 par-devant
François Laurent Le Brun, notaire à Coutances, en vue du
mariage qui devait unir Charles C. et Élisabeth Minard,
appartenant tous deux à la bourgeoisie de la paroisse Notre-
Dame. Ce document permet également de noter le nom des
divers vêtements féminins qui étaient de mode à cette époque
ainsi que celui des étoffes qui les composaient :

« *Secundo* et pour meubles qui serviront de don mobil
audit futur s'il survit, une armoire de bois chesne fermante
à clef à deux panneaux et tiroirs en dedans et au bas (où,
la somme de cent vingt livres); un lit, traversain et oreillers
de coutil rempli de plume d'oye, Castalogne de laine blanche,
tour de lit et rideaux de cotton bleu, ciel, dossier et cour-
tepointe d'indienne, une douzaine et demie de draps de lit
de six aulnes La paire, quatre douzaines de chemises de

toile de L'aufrais garnies, deux douzaines de Tayes à oreiller dont six de garnies en mousseline; une douzaine et demie de serviettes, une douzaine de cornettes à bord garnies, une douzaine d'équipages de Linge de batiste, une douzaine

Fig. 4. — Vieille paysanne, en bonnette, à son rouet.

de Bonnets ronds, une demi-douzaine de mouchoirs de mousseline blancs, une douzaine de mouchoirs de cou tant de mazulipatan que de fond blanc rayés au tour, une douzaine de mouchoirs de poche tant à fond blanc rayés alentour que de fond bleu rayés rouge, dix paires de poches de coutil rayé en bleu, une douzaine de bonnets piqués, cinq déshabillés de Siamoise, deux de cotton blanc, un d'écarlatte rouge à rayeures, une Juppe de droguet à fond vert rayé rouge et un apollon d'indienne rayée, une juppe de droguet fond violet rayé en vert et rouge et un apollon d'indienne fond blanc rayé, une Juppe de droguet fond gris rayée vert et rouge et un apollon d'indienne fond Brun à ramage, un déshabillé de droguet Chiné bleu rayé rouge, un mantelet couvert d'indienne et une pelisse, un tablier rouge à grands carreaux, un autre d'indienne à rayeures à plusieurs couleurs, un d'indienne à petit ramage rouge, un d'indienne à Bouquets rouges, un rouge rayé en Écarlatte, un d'indienne rayé violet fond blanc, un rouge à petits carreaux, un

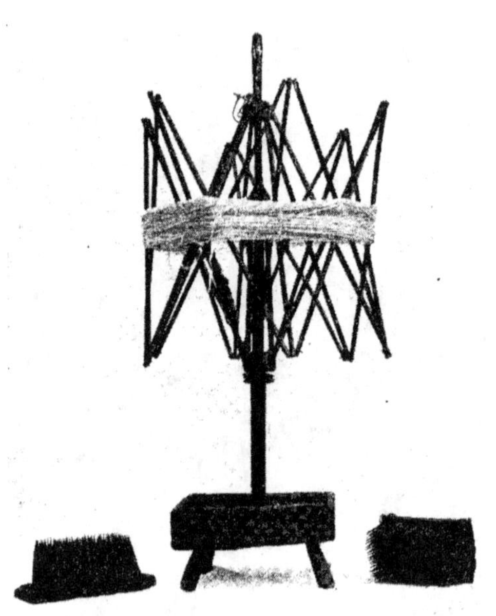

Fig. 5. — Dévidoir et peignes.

de siamoise fond blanc rayé rouge, un de siamoise chiné bleu, deux de siamoise fond blanc et bleu et quatre de siamoise, le tout faisant quinze tabliers. Et pour et au lieu de vaisselle et poëllerie, la somme de cinquante livres en argent; lesquels meubles et argent au lieu de meubles, le tout évalué entre les parties, parents et amis, à la somme de dix-huit cent vingt livres sera également payé, fourni et livré audit futur la veille des Épousailles pourquoi il est aussi stipulé... etc... »

*Les Relevailles.*

Actuellement encore, dans les environs de Coutances, certaines coutumes subsistent pour les femmes qui viennent d'accoucher.

Le lendemain de la naissance de l'enfant, celui-ci est porté à l'église par le parrain et la marraine, et le prêtre le baptise. La mère reste à la maison pendant les trois semaines qui suivent son accouchement, sans rien faire dans son intérieur car elle est impure. Au bout de trois semaines elle se rend, un matin, à l'église et assiste à la messe. Elle reste agenouillée sur le dernier banc. A la fin de l'office, le prêtre vient la prendre par la main; la relever et la conduire au chœur. Elle y reste agenouillée pendant que le prêtre prie. La cérémonie terminée, l'accouchée offre la brioche ou le pain bénit au prêtre, au parrain et à la marraine et aux amis qui l'ont accompagnée. Puis elle rentre chez elle; à partir de ce moment-là seulement, elle a le droit de travailler dans son intérieur.

*Fête des Rois. — Noël.*

La fête des Rois donnait lieu, en Normandie, au temps jadis, à des cérémonies qui, dans aucune autre province, n'étaient observées aussi scrupuleusement. Dans chaque maison, le doyen présidait au banquet et coupait le gâteau en autant de parts qu'il y avait de membres de la famille présents et absents. Les morceaux destinés aux absents étaient soigneusement serrés dans une armoire. Les détails de cette fête et les chants qui étaient de circonstance, se trouvent, ainsi que ceux relatifs aux fêtes de Pâques, de la

Saint-Jean, de Noël, minutieusement décrits dans l'ouvrage de Émile de la Bedollière. Actuellement encore, pendant la semaine *preneuse*, des chanteurs, munis de violons, vont la nuit, de fermes en fermes, entonner des cantiques sur l'air de l'Alleluia et demander la *paschré*, c'est-à-dire des œufs ou des sous. Dans de nombreuses communes, ces chanteurs viennent même à deux reprises : la nuit de la Passion et la nuit de Pàques.

*La Messe.*

En règle générale, les Normands, les uns par piété, les autres par traditionalisme, vont à la grand'messe le dimanche, à l'église de leur village. Hommes et femmes revêtent leurs plus beaux vêtements. Pendant la messe, les femmes se tiennent dans les bancs à hautes cloisons qui se trouvent dans la nef. Quant aux hommes, ils sont réunis ensemble, dans le chœur. Après la messe, certains vont prendre, au café voisin, un *petit sou de café* avec, hélas! *une demoiselle* d'eau-de-vie.

*La Louée.*

C'était autrefois, le marché aux domestiques ; il avait lieu, dans les campagnes, au mois de juillet. Les valets de ferme, les garçons de ferme, les servantes, sans place, étaient réunis dans une prairie, parés de leurs plus beaux atours et tenant parfois, en main, l'instrument de leur profession : *charretier :* fouet sur l'épaule; *berger :* chien en laisse; *batteur :* fléau sur l'épaule; *fileuse :* une quenouille à la main. Les servantes avaient simplement un « bouquet » sur le corsage.

Les fermiers et fermières allaient de groupe en groupe,

examinaient les domestiques et entamaient des pourparlers avec ceux qui leur convenaient. Le domestique s'engageait pour une année, moyennant un certain nombre de *pistoles* (une pistole = 10 f.) et souvent le don d'une blouse et d'une ou deux paires de sabots de bois. Les conditions arrêtées, fermier et domestique se frappaient dans la main. La *louée* se terminait par des libations dans les auberges, ou sous des tentes dressées

Fig. 6. — La louée. (Dessin de F. Enault.)

(en plein vent, pour la circonstance) et parfois, par des danses. Il y a quelques années encore, les domestiques se louaient auprès de la halle aux grains de Coutances, soit à la Saint-Jean (24 juin), soit à la Sainte-Claire (17 juillet). Ceux qui étaient loués à la Saint-Jean entraient en fonctions à la Sainte-Claire. Ils apportaient, dans leur nouvelle place, leurs hardes dans un coffre ou une petite armoire. Ceux qui étaient loués à la Sainte-Claire commençaient leur service quelques jours plus tard.

*Les Assemblées.*

Chaque commune a son *assembiâée,* le dimanche où se fête le saint qui patronne cette commune. L'assemblée a lieu le dimanche de la Saint-Lô à Courcy, le dimanche de Saint Cornille à Nicorps, etc... Hommes et femmes assistent

à la grand'messe. Au sortir de l'office, ils achètent un *garrot*
(sorte de gâteau très sec, assez grossier), et des amandes et
des noisettes sèches, destinés à être mangés en buvant du
bon bère (bon cidre de pur jus). Dans certaines communes,
assez importantes, il existe, ce jour-là, des jeux, des chevaux de bois, des baraques de jouets pour les enfants. La
grande assemblée de l'arrondissement est celle de Coutances
qui a lieu le jour de la *Saint-Michi* (Saint-Michel, le 28 septembre). La ville présente, à cette occasion, l'aspect et les
distractions de toutes les petites villes, le jour de la fête an-
nuelle.

Autrefois, les fêtes, les assemblées, les louées, se termi-
naient par des parties de jeu de la *Soule* ou la *Choule* (1),
l'ancêtre sauvage du Foot-ball. Ce jeu remontait au moyen
âge. La Soule était une grosse balle de cuir, pleine de son,
pesant 5 à 7 kilos et ayant 1 à 2 pieds de diamètre. Deux clans
formés par les jeunes gens, les célibataires, voire même les
hommes mariés de deux communes voisines et plus ou moins
rivales, se disputaient cette balle qu'on lançait sur la place
publique, le jour de l'assemblée. Les souleurs se précipi-
taient dessus et, pour l'obtenir, se battaient avec une brutalité
inouïe. La bataille se poursuivait à travers champs, rivières,
forêts et bois, car il fallait, à tout prix, conquérir la soule
et la conduire dans l'un des deux villages ou l'une des deux
paroisses antagonistes. La victoire était alors copieusement
arrosée. Ce sport, extrêmement violent, servait, souvent, hélas !
de prétexte pour assouvir les vengeances personnelles. Aussi
ces parties se terminaient-elles par de très nombreux acci-
dents : dents cassées; yeux crevés; membres fracturés. Ce

(1) Journal du sire de Gouberville (d'après la copie du manuscrit original
faite par l'abbé Tollemer), Henri Delesques, éditeur, 2, rue Froide, à Caen. Le
sire de Gouberville vivait au début du XVIe siècle.

jeu brutal, qui était en grand honneur en Normandie, fut interdit par Charles V. Malgré cela il continua à être en vogue et il fallut intervention des préfets et de nombreuses condamnations pour le faire disparaître, il y a quelques années, du Cotentin, région où il a duré le plus longtemps.

En plus des assemblées il y avait, autrefois, de charmantes fêtes rurales lors de l'engrangeage des dernières gerbes de céréales ou après la batterie des derniers *picots* de sarrazin, ou enfin à la Chandeleur. Actuellement encore on fête à l'église, le 15 août, à la fois la Sainte Vierge, si vénérée en Normandie, et « la fête des épis ».

*La Foire de Lessay.*

La foire, dite Sainte-Croix de Lessay, fut instituée au

Fig. 7. — Foire de Lessay. Voitures des paysans normands et tentes des restaurateurs.

XIIIe siècle par les moines bénédictins de l'endroit ; elle se tient chaque année le 11, le 12 et le 13 septembre dans les landes de Lessay (5.015 hectares !) On peut voir, à la mairie de la commune, un parchemin revêtu du sceau de Louis XIV, renouvelant, à l'abbaye, la concession et le privilège de cette foire qui rapportait d'importants revenus aux Bénédictins. Actuellement, la location de l'emplacement des tentes constitue un revenu appréciable pour la municipalité. Cette foire, une des plus vieilles de France, et la plus importante de toute la Normandie, se tient, dans les landes, des

Fig. 8. — Foire de Lessay. Vente de cidre au tonneau
(*bère au t'chu du touné*).

deux côtés de la route de Coutances. On y vend surtout des chevaux (par milliers), des bœufs et des vaches, des porcs, des moutons engraissés dans les prés salés (tout le long de la côte), des volailles de toutes les communes du département, des oies d'Avranches et de Lessay, des œufs, des huîtres de haute mer [pêchées au large de Blainville et d'Agon], des langoustes de la côte et des îles Chausey, des poissons de mer de la côte et de l'embouchure de la Sienne (pont de la Roque), des cuivres de Villedieu, des poteries

de Nehou, de Noron, etc., des colliers de paille avec monture
en bois (parônnes), etc...

Les paysans y viennent non seulement de tous les coins
du département, mais encore des départements voisins. Il y
vient même des acheteurs des pays étrangers (Jersey, Guer-
nesey, Angleterre et... Allemagne, avant la guerre). Comme

Fig. 9. — Foire de Lessay. Rôtisserie en plein air (*tournous d'gigot*).

je viens de le dire, on y vend de tout, mais les acheteurs
des pays lointains viennent surtout pour acheter des vaches
et des taureaux de la belle race normande, et les splendides
chevaux de demi-sang, dits anglo-normands. Les paysans s'y
rendent en carriole, par étapes. La nuit venue, ils couchent
dans de la paille, sous la bâche de leurs voitures. Des restaurateurs dressent dans la lande, à l'occasion de cette foire,
des baraquements de toile qui abritent des tables et des

bancs. En plein vent, sur des feux de fagots et de genêts, d'immenses broches permettent de cuire des quartiers entiers de veaux et de bœufs et de longues rangées de poulardes et d'oies. Les paysans achètent des portions de la viande qu'ils préfèrent et vont les manger sous les baraques de toile où l'on leur sert à boire. Le cidre était autrefois versé avec des pots de terre cuite, ayant une forme spéciale, dénommés « connots » ou « gonnots » ou « puchis », dans les petits gobelets, dits « godias ». La saveur de ces chairs, rissolées en plein air, devant les brasiers de genêts et de petit bois, est incomparable. Ces coutumes, cette réunion de paysans et de paysannes portant les costumes et les coiffes des diverses contrées, confèrent à cette foire un aspect des plus pittoresques.

La lande de Lessay a été décrite par Barbey d'Aurevilly dans son roman *L'Ensorcelée* et L. Beuve a composé une poésie charmante sur les plaintes d'un « tourneur de gigots » de la foire de Lessay.

*Autres foires.*

A côté de la foire de Lessay, qui est la plus importante de toute la région et même du département, il en existe d'autres « moins conséquentes » dans la plupart des localités qui entourent Coutances et dans cette ville même. Celle de Coutances, dite de la Saint-Michel, dure du 28 au 30 septembre. Bréhal, Gavray, etc... sont le siège de plusieurs foires dans le courant de l'année. Certaines d'entre elles durent un jour; d'autres deux ou plusieurs jours. Plusieurs sont précédées, la veille du jour de la foire, d'un jour de « montre ».

*L'aspect de la Ferme Normande.*

Même en Basse-Normandie, l'aspect de la ferme normande varie selon les régions, en raison des matériaux que les constructeurs avaient à leur disposition. Dans la vallée d'Auge et toute la partie *est* du Calvados, la vieille ferme ou les anciennes maisons sont bâties à colombages et recouvertes en tuiles rouges, petites et plates. Quelques rares maisons possèdent encore, sur leur toit, ces beaux épis de faitage en terre cuite émaillée fabriqués du xvᵉ au xviiᵉ siècle, dans les poteries du Pré-d'Auge avant... Bernard de Palissy! Dans toute la moitié *ouest* du Calvados et de l'Orne et dans le Cotentin, il n'y a plus de maisons de bois. Dans le haut du Cotentin, les fermes sont bâties en pierres grises, légèrement bleutées ; leurs toitures sont composées de lames schisteuses maçonnées entre elles. Les lucarnes sont surmontées, surtout dans la Hague, par des « épis » de terre cuite représentant des « pigeons » au repos ou prêts à s'envoler (fig. 34). Dans le sud du Cotentin, les manoirs et les fermes importantes sont construits en granit et en pierre bleue. Les chaumières et les dépendances des fermes importantes ont des murs dont le bas est en granit ou en pierres jusqu'à une hauteur de 50 centimètres environ et dont le reste est torchis, c'est-à-dire en argile agglomérée, mélangée de foin. Parfois, les murs sont tout entiers en argile. Jusqu'il y a quelques années, la plupart des manoirs, fermes et chaumières du bas Cotentin, étaient couverts en chaume. Les toitures de chaume ayant besoin d'être souvent réparées, chaque ferme importante possède une très grande échelle destinée à monter sur les toits. Cette échelle est, généralement, accrochée, horizontalement, le long du mur postérieur de la ferme. Le sommet de ces toitures en chaume est garni d'une couche d'argile qui est rapidement envahie par les mousses et diverses graminées. Quelques années après la réfection d'une toiture de chaume, celui-ci, un peu usé et altéré par l'humidité, le soleil et les vents, ne tarde pas à se recouvrir de larges placards de mousses qui, au printemps, s'émaillent de fleurettes aux coloris divers. Quelques manoirs sont couverts en ardoises. Depuis quelques années, l'usage de la grande tuile rouge avec losange central se généralise, et c'est regrettable, pour couvrir les fermes.

Quelques vieux bâtiments ont gardé leurs fenêtres à croisées, divisées en quatre compartiments par une croix de granit. La plupart du temps, la croix de pierre a été enlevée et il ne reste, de la fenêtre primitive, que la pierre supérieure portant une entaille ogivale; la fenêtre primitive a été remplacée par une fenêtre à petits carreaux.

Les portes cintrées, basses, sont très fréquentes dans les vieilles fermes. Au-devant de la porte qui permet d'entrer dans la grande salle de la ferme se trouve souvent, une large dalle de granit. Sur un des côtés de la porte se dresse un vieux rosier, ou parfois, une vigne. Quant à la porte elle-même, elle est généralement constituée par deux vantaux [ou battants] inégaux; le plus étroit est fixé par une barre de fer intérieure; le plus grand s'ouvre. Parfois, ce dernier est lui-même subdivisé en hauteur en deux parties qui se ferment séparément. Cette disposition permet de fermer la partie inférieure pour empêcher les enfants de sortir [ou les volailles d'entrer dans la maison] tout en laissant ouvert le panneau supérieur afin d'avoir de l'air et de la lumière. La porte d'entrée se ferme encore, en maints endroits, en tirant, le soir, une grosse barre de chêne, qui, dans la journée, est glissée dans un trou horizontal contenu dans l'épaisseur de la muraille. La porte est munie, extérieurement, assez souvent, au niveau de la serrure, d'une sorte de poignée en acier qui sert de marteau et qui agit également sur la gâche.

Les manoirs, les petits châteaux, et un grand nombre de

Fig. 10. —[Aspect intérieur de ferme-manoir normande.

fermes sont entourées de murailles de pierres et de granit.

On pénètre dans la cour de la ferme en passant sous une grande ouverture cintrée, dite charretière, assez haute pour qu'elle puisse laisser entrer un *charreti* chargé de bottes de foin ou de céréales. Cette ouverture est, parfois, fermée par une grande porte de chêne à deux battants ; parfois par une barrière double. A coté de la porte charretière existe, assez souvent, une petite porte cintrée analogue aux portes de poterne des châteaux : c'est le *pothuit* réservé aux piétons.

La grande cour est, le plus souvent, entourée de bâtiments de trois côtés. Sur le quatrième se trouvent le vieux puits, le poulailler, la boulangerie et l'entrée du jardin. Le vieux puits a un toit de chaume qui protège la margelle verdie et la poulie grinçante autour de laquelle est enroulée la chaîne qui descend et remonte le « siau ». Auprès du puits se trouve souvent une petite auge de granit. La boulangerie ou *founil* est à quelque distance des bâtiments à cause des flammèches dangereuses pour le chaume que sa cheminée laisse échapper les jours de *boulange*, lorsque l'on chauffe le four avec des petits fagots de ronces et de genêts. La boulangerie est construite en pierre ou en torchis et son four ventru, généralement en argile comprimée, est abrité par un petit toit. Le poulailler est pourvu d'une petite échelle que les poules gravissent le soir pour aller se « jucher ». Une petite barrière conduit dans le jardin. Celui-ci est bien différent de ceux du nord de la France (Somme, Pas-de-Calais, Nord, etc.). Ceux-ci sont rigoureusement propres et tout le terrain est utilisé. L'espace qui sépare les légumes est sans cesse sarclé et les allées sont d'une propreté méticuleuse. Les habitants du Nord sont si fiers de leurs jardins qu'ils passent une partie de leurs dimanches à les entretenir et que, s'ils ont des invités ce jour-là, à midi, ils leur font visiter leurs jardins, avec une certaine fatuité, aussitôt après le repas. Dans les jardins normands, au contraire, il y a souvent beaucoup de terrain inutilisé. Les allées ne sont guère entretenues; les légumes qui croissent vigoureusement sur la riche terre normande, ne sont pas débarrassés de toutes les mauvaises herbes qui les entourent. Les pommes de terre, les choux pommés, les choux de Jersey, et les pois de mai, poussent facilement; cela suffit. Peu importe que des graminées envahissent les allées et que les ronces de la haie empiètent sur le terrain. Les carrés de légumes sont un peu disposés au hasard et séparés par des bandes incultes. Mais de-ci, de-là, surgissent des coquelicots et des touffes de lavande, de giroflées ou de pieds de soleil. Dans le fond du jardin normand quelques groseillers, des néfliers, des cognassiers, avoisinent la haie. Dans un coin se dressent les toits de chaume de quelques ruches qui donneront au fermier ce beau miel brun, délicieusement parfumé, véritable nectar de fleurs, qui ne se trouve qu'en Normandie. Si le paysan normand réunit, un dimanche, après la messe, quelques amis, il ne leur fera pas visiter son jardin, après le repas, comme le ferait un paysan du nord de la France. Il les entraînera vers ses prairies, pour leur faire admirer ses belles génisses, ses « amouillantes » aux belles robes et ses splendides demi-sang anglo-normands bai-brun, dont le front est orné d'une étoile blanche. Au retour, l'hôte et les invités s'attarderont autour des pommiers dont les fruits donnent la boisson d'or qu'ils ont dégustée au repas précédent et qui les rend, présentement, si euphoriques. Aussi, auprès de toutes ces richesses, le jardin, qui ne sert qu'à fournir les légumes de la soupe vespérale, est-il traité en parent pauvre. Et c'est pourquoi il est un peu délaissé, un peu en désordre, le petit jardin normand. Mais il y gagne un charme spécial et l'on ne pousse pas, sans émoi, la petite barrière du jardin de... « chez nous », embroussaillé de ronces et de graminées pimpantes et tout émaillé de fleurs.

Les bâtiments de la ferme comprennent les locaux d'habitation du fermier, les écuries, les étables à vaches et à moutons et celles destinées aux porcs. Ces dernières, basses et sombres, ne prennent le jour que par d'étroites meurtrières. Un de leurs murs est souvent percé d'une ouverture horizontale précédée d'une pierre inclinée, ce qui permet, sans entrer dans l'étable, de verser, du dehors, la pâtée qui va glisser dans l'auge de pierre située, à l'intérieur, en contre-bas de cette ouverture.

Les Normands ont, malheureusement, la conviction erronée que les porcs « profitent » mieux dans l'obscurité et la saleté.

Les diverses étables sont surmontées de greniers dans lesquels les paysans empilent les céréales et les milliers de bottes de foin qu'ont fournis les prairies. Devant l'une des étables se trouve la *maillière*, vaste fosse où fermentent les divers fumiers. De cette maillière s'échappe souvent, hélas, une rigole de purin qui traverse une partie de la cour et forme de-ci, de-là des flaques putrides et dangereuses... trop près de l'habitation et du puits.

Un des bâtiments est occupé, au rez-de-chaussée, par la *charterie* sous laquelle on pénètre par deux grandes ouvertures ogivales qui s'appuient sur un pilier intercalaire (fig. 10). Sous la *charterie*, se rangent les voitures et instruments aratoires du paysan normand : la *charrette* ou *carriole* destinée à aller au marché et à y porter le grain, le beurre, les œufs, les volailles, voire même les petits cochons ou les jeunes veaux ; le *petit tombereau* qui sert à tous les usages de la culture ; la *grande banne* qu'on utilise pour aller chercher au bord de la mer la *tangue* (sable limoneux) avec laquelle les fermiers normands graissent leurs terres ; le *chartil* employé pour transporter les gerbes ; la *traine à bois* si particulière aux environs de Coutances et qui mérite d'être décrite à part, à la fin de ce chapitre ; la *charrue* normande, charrue traditionnelle, toute en bois, portant un seul soc de fer ; le *rouleau* de bois pour aplatir les mottes de terre après le labourage ; la *herse* de bois hérissée de pointes de fer forgé ; les *fléaux* qui, jusqu'il y a quelques années, servaient pour battre toutes les céréales, et

Fig. 11. — Vieux Normand se rendant au marché, monté sur une haquenée ; sur les côtés de la selle les *cambottes* en vannerie. A droite, paysanne vêtue d'une jupe de droguet rouge, coiffée du grand « bonnet rond » et portant, sur son épaule gauche, la canne de cuivre remplie de lait (selon l'ancienne coutume des environs de Coutances). — *D'après une lithographie de Bellangé.*

la *mailloche* qui, actuellement, est encore utilisée pour battre le blé lorsque l'on désire avoir du « glüi », pour faire les toitures de chaume [parce que les machines à battre abîment la paille].

Les fléaux sont aussi employés pour battre le sarrazin dans la pièce même où il a été récolté.

*Les Traines à bois.*

Le lundi, jour du marché à Coutances, on aperçoit à l'autre extrémité de la place de la Cathédrale, le long de la rue du Séminaire, le marché aux fagots. Les Coutançaises qui ont acheté, pour leur chauffage, un certain nombre de fagots,

Fig. 12. — Traine à bois dans les rues de Coutances.

se les font porter jusqu'à leur domicile. Pour ce faire, les paysans qui les ont vendus se servent d'une sorte de traîneau remorqué par un cheval: c'est la célèbre *Traine à bois* (1).

(1) Les traines servaient aux XVIe, XVIIe, XVIIIe siècles, à transporter maintes choses dans la ferme, parce que les charrettes étaient rares et difficilement utilisables vu l'état des chemins. En dehors des traines, la plupart des transports se faisaient à dos de cheval. On plaçait sur ce dernier un bàt spécial ou panneau, garni, sur chaque còté, de *cambottes*, sorte de panier qui servait pour le fumier, ou d'*éclettes*, espèce de ràtelier qui servait à transporter le foin et les céréales.

Le grain était transporté à la halle aux grains de la ville voisine dans des sacs de toile ou *pouches* qui contenaient « *une somme* » et qui étaient mis en

Cette traîne sert encore à transporter des tonneaux, ou, au moment du battage du sarrasin, à porter les buhots ou binots de sarrasin jusqu'à la toile batteresse. La tradition enseigne que ces traînes existaient dès le début du moyen âge et qu'elles auraient servi pour transporter à Coutances les pierres nécessaires à la construction de la cathédrale actuelle.

Les travaux du chanoine Pigeon ont démontré, en effet, que la première basilique romane, construite par Geoffroy de Montbray, était bâtie en pierre rouge des environs de Coutances. Cette basilique aurait subsisté jusqu'au début du xiii<sup>e</sup> siècle. A cette époque (1203), sous le pontificat d'Hugues de Morville, on entreprit la réédification de la cathédrale. Les travaux se poursuivirent, sans interruption du service divin, pendant les xiv<sup>e</sup> et xv<sup>e</sup> siècles. Les architectes surent utiliser l'ancienne basilique dont ils gardèrent le portail, les tours et les murs de la nef. Ces parties, bâties en pierre rouge, furent englobées dans les murs de la cathédrale actuelle. Pour la cathédrale nouvelle, de style ogival, on a employé, comme matériaux de construction, des pierres des carrières d'Yvetot (situées à 12 lieues de Coutances, près de Valognes). Ces pierres furent transportées sur des chariots et des traînes qui étaient halés par des multitudes d'hommes, de femmes et d'enfants, dynamogénisés par la Foi et qui chantaient des cantiques, le long de la route. Il est à noter que les matériaux qui servirent à construire la cathédrale de Chartres, furent également transportés sur des « traînes ». Mais les traînes ont disparu de toutes les provinces, et Coutances est la seule ville de France où l'on s'en serve encore.

travers du dos du cheval. Les œufs, le beurre, etc., étaient mis dans des sortes de vastes paniers qui étaient attachés à la selle de chaque côté (fig. 11). La paysanne en allant au marché montait sur la selle comme il est indiqué sur la lithographie de Lalanne.

Pour rappeler le rôle des traines dans la construction de la cathédrale de Coutances, l'abbé Huet, vicaire du chœur de cette cathédrale, qui connaissait la poésie de Louis Beuve sur les traines, fit faire, en 1916, pour l'une des fenêtres du portail, un vitrail représentant Geoffroy de Montbray et la construction de la cathédrale, et, dans un des médaillons, les « traines à bouais » (1)...

(1) Le poète Louis Beuve a chanté dans une pièce célèbre les « Traines à bouais du marchi d'Couteinches ». Nous en extrayons la strophe suivante :

> Partout no les veit navigüi
> D'avet leus quat' gaul' comme équiettes
> Dans l'Mond' Couteinchais tout enti
> Pa l'*Pont d'Soull'* coumm' par l'*Eqiuchelle*,
> A *Guesnay* coumme à *Pisquigny*,
> Montant, d'vallant les reues étreites,
> Tq' cheu les pour geins, le pt'i rentyi,
> Tq' cheu les p' tit bounn' feimme' en bounettes,
> Par tous bords, no les veit s'trainyi; s'trainyi...
> Les vûl' traine' à bouais du marchi!

TRADUCTION. — Partout on les voit *naviguer* avec leurs quatre gaules comme *échelettes* dans le monde coutançais tout entier, par le *Pont-de-Soulles* comme par l'*Écluse-Chelle*, à *Guernay* comme à *Pisquigny*, montant, descendant les rues étroites, chez les pauvres gens, le petit rentier, chez les petites bonnes femmes en bonnettes; par tous les bords on les voit se trainer... se trainer.. les vieilles traines à bois du marché.

(C. S. Le Bailly 1827).

Fig. 13. — Paysan normand, portant « un tricolore » (bonnet de coton aux trois couleurs) et conduisant une « traine à bois » sur laquelle se trouvent des colis amenés par la diligence. Au deuxième plan, la cathédrale de Coutances.

# LES MEUBLES NORMANDS

---

*Généralités sur les œuvres des artisans médiévaux et les corporations des charpentiers et des huchiers-menuisiers des villes.*

A partir du VIII<sup>e</sup> siècle, les corporations, pour travailler en sécurité, se réfugièrent autour des cloîtres, des grandes abbayes et dans l'enceinte de leurs domaines. A cette époque, les charpentiers travaillaient tout ce qui se faisait en bois. Leur corporation était assujettie à des statuts régionaux. Plus tard (pour n'envisager que ce qui concerne la Normandie), après la réunion de cette province à la France (30 mai 1431), les corporations provinciales suivirent, avec quelques années de retard, les grandes évolutions des corporations de Paris. Il est à noter, cependant, que, pour ce qui est de la Normandie, les artisans normands reçurent, à diverses reprises, en dehors des statuts promulgués à Paris, des statuts spéciaux, rédigés principalement à Rouen, leur capitale provinciale, et aussi dans quelques grandes villes : Caen, Alençon, etc... Les statuts édictés dans ces dernières villes de Normandie, n'étaient, dans leurs grandes lignes, que les statuts de Paris ou de Rouen, plus ou moins modifiés en raison des usages locaux.

*Historique.* — En 1254, Philippe-Auguste, pour mettre fin aux réclamations et aux rivalités des divers corps de métiers, établit, sur la proposition d'Étienne Boisleaue, les droits et devoirs de chacun d'eux. Ultérieurement, les *charpentiers* cessèrent de fabriquer les meubles, et les *huchiers* (qui de-

vaient plus tard adjoindre à leur nom celui de *menuisiers*)
se mirent à construire les portes, les fenêtres, les volets des
masures, des fer-
mes, des manoirs
et des châteaux,
ainsi que les bancs
et les bahuts,
puis les dressoirs.

Jusqu'au XIII<sup>e</sup>
siècle, les meu-
bles fabriqués par
les huchiers
étaient en bois dé-
pourvus de sculp-
tures, mais re-
vêtus de peintures
sur toile ou sur
bois et d'appli-
ques de ferronne-
rie. Puis vinrent
des pièces moins
massives dans
lesquelles la
sculpture com-
mença à prendre
son essor : stalles

Fig. 14. — Atelier de huchier-menuisier ; au premier plan :
Coffre à plis serviette.
« Estampe tirée de la série des quatre états de la vie »
(Bibliothèque Nationale).

d'église, lambris de châteaux, bahuts destinés à renfermer
les hardes. A cette époque, comme nous l'apprend le
célèbre *Hortus deliciarum d'Herrade* [abbesse de Lands-
berg (fin du XII<sup>e</sup> siècle)], l'ameublement se composait, pour
les châtelains, de meubles portatifs qui les suivaient dans
leurs déplacements.

En effet, jusqu'au XV<sup>e</sup> siècle, les châteaux forts n'avaient pas de mobilier fixe; lits, bancs, tables, bahuts étaient transportés sur des chariots traînés par des bœufs lorsque le seigneur et sa suite changeaient de résidence. Bancs et lits étaient, à l'arrivée, recouverts de coussins que l'on tirait des bahuts. Ceux-ci renfermaient également les toiles peintes avec lesquelles on tendait les murs. Sur le sol de terre battue ou de pierres, on étendait des tapis, des tapisseries ou de la paille. Ces coutumes persistèrent jusqu'au règne de Charles V (1337-1380).

Ainsi conçoit-on que les meubles antérieurs au XIII<sup>e</sup> siècle soient très rares et que ceux que l'on trouve aient surtout une destination religieuse, les abbayes et les cloîtres ayant su, de par leurs habitudes, mieux conserver leurs meubles.

On connaît, de cette époque, une sorte de bahut-armoire, qui se trouve dans la cathédrale de Bayeux où elle sert à renfermer les châsses et les objets précieux. Les vantaux étaient recouverts de peintures à sujets blancs sur fond rouge. La ferronnerie constitue une partie importante de la décoration de ce meuble.

Le coffre est le meuble le plus commun de l'époque médiévale. Chez le seigneur, comme chez le bourgeois, il servait à la fois de table et de banc; on y serrait, en outre, les étoffes précieuses et les objets lors des déplacements. Les sacristies possédaient des coffres qui renfermaient les vêtements sacerdotaux. Les plus anciens coffres étaient en bois, recouverts de peaux ou de toiles marouflées; sur le tout s'appliquaient de solides *pentures* en fer forgé.

Dès le XIII<sup>e</sup> siècle, les huchiers exécutèrent, outre les coffres, les stalles de chœurs et les meubles de salles capitulaires pour le compte des religieux des monastères et des abbayes. A la même époque, on commença à isoler le chœur

Fig. 15. — Coffres normands époque de la Renaissance.
Coffre sup. : Collection abbaye de Hambye. Coffre inf. : Collection Stephen Chauvet.

des églises du reste de la nef par des jubés de bois sculpté, percés de portes. A partir du XIVe siècle, le confort et l'aisance commençant à se répandre, les huchiers sculptèrent plus finement portes et lambris, sièges et autres meubles qui garnissaient, de plus en plus, les châteaux. Les rares coffres du XIVe siècle que l'on possède sont sculptés en plein bois; ils ne sont pas encore composés de panneaux séparés, enchâssés dans des montants, comme le sont les coffres et bahuts qui furent construits ultérieurement.

A la fin du XIVe siècle, les meubles devenant de plus en plus nombreux et de plus en plus ouvragés, les huchiers qui les fabriquaient ne voulurent pas rester astreints aux mêmes règlements que les charpentiers. Ils demandèrent, en 1371, une ordonnance fixant leurs droits et leurs devoirs. Le règlement du Parlement du 4 septembre 1382 précise que, quiconque voulait être huchier-menuisier, devait, après un long apprentissage, subir un examen devant les jurés et avoir fait un chef-d'œuvre de sa main. Il devait, en outre, payer 12 sols d'entrée, dont 6 pour le Roy et 6 pour la confrérie. Pour la confection des huis, des fenêtres, des bancs, des coffres, les huchiers-menuisiers étaient astreints à certaines règles formelles :

« Défenses étaient faites de travailler les bancs de taille ni à coulombiers et dressoirs tant de tailles comme autres où il y eut du bois d'aubier dans les membrures » ; — « que nul ouvrier ne doit faire de coffre à queue d'aronde où il y eut du bois d'aubier et du merrain pourri (1) » ; — « item que nul ne fasse armoires à pans de bois de noyer où il y ait aubier

---

(1) Merrain : Bois de chêne obtenu en fendant le bois dans le sens des rayons médullaires. Il n'était employé que pour les panneaux et jamais pour les traverses et les montants qui devaient être sculptés. Le merrain devait être bien sec, sans aubier, sans trous de vers et n'être pas pourri.

ne eschaffetures ni aucun nœuds qui voisent outre ez enfoncements et membrures ez guichets d'icelle » ; — « que les bancs des tavernes doivent également être fabriqués sans bois d'aubier » (1).

Ces statuts furent remaniés en 1396, sous Charles VI. Dix-neuf ans plus tard, les artisans normands, tout en acceptant dans leurs grandes lignes ces statuts des corporations parisiennes, voulurent y apporter quelques modifications et quelques additions qui seraient applicables dans leur province. Ces nouveaux statuts furent promulgués à Rouen et reconnus par une ordonnance de Charles VI, en date du 23 novembre 1415. Toute une série d'articles fixaient les règles de la corporation et celles concernant la fabrication des meubles.

Pour devenir ouvrier-huchier, il fallait apprendre le métier chez un maître pendant cinq ou six années. En entrant, l'apprenti payait dix sols pour « soustenir » le métier et dix autres sols « pour le vin aux compagnons ». Seuls les fils de maîtres étaient « francz et exemptz » de l'apprentissage et de ses frais d'entrée.

Les apprentis et varlets loués par un maître, ne pouvaient quitter celui-ci pendant le cours de leur engagement. Les autres maîtres, concurrents, n'avaient pas le droit, d'autre part, de les prendre ni de les embesogner (les embaucher).

Pour aspirer à la maîtrise, l'ouvrier devait faire la preuve qu'il avait été en apprentissage pendant six ans et, en outre, faire apprécier son expérience aux jurés en faisant, de sés propres mains, en l'atelier de l'un d'entre eux, le chef-d'œuvre que ceux-ci lui avaient ordonné d'exécuter.

Les frais de réception à la maîtrise consistaient à payer au

_______

(1) A. DE CHAMPEAUX, *Le Meuble*.

Roy 20 sols et 10 autres sols aux gardes-jurés afin de soutenir le métier.

Une fois installés, les maîtres devaient observer certaines règles. Il leur était défendu de besogner la nuit, sauf pour construire des choses indispensables aux trépassés ou par causes de justice.

Il était interdit de travailler le samedi, après nonne sonné,

Fig. 16. — Coffre normand (époque de la Renaissance). Coll. Stephen Chauvet.

ni « aux veilles Notre-Dame, Noël, saint Jehan-Baptiste, l'Assention ny Toussaint, ni aux jours de festes d'Apostres ny Evangelistes, ce n'est pour aulcune chose nécessaire pour les trépassés ou par causes de justice ».

En Normandie, comme à Paris, dans la confection des meubles, on devait « ouvrer œuvre bonne », c'est-à-dire conformément aux règles édictées dans les statuts précédemment cités. Sinon « ycelle œuvre » était prise et condamnée par les gardes, chargés de la surveillance et celui qui l'avait faite devait verser diverses amendes.

L'article *cinq* de l'ordonnance de 1415 spécifie : « Que nul dudit métier ne puisse ouvrer de vert boys en chef-d'œuvre qui porte fermetures et assemblements, à celles comme coffres, huches, bancz, tables, aumarres, huys ou cassettes, fustz à carder, ou telles autres besongnes qui assemblent à colle ; et aussi que l'on ne puisse mettre boys de chene ou ayt aubier ni qui soit vermoulu ou ayt boys qui soit tressailli. Et si il est trouvé le contraire, l'œuvre sera prinse par les dits gardes, aportée à justice, et, au regard de justice, sera jugée par iceux gardes à despecyer devant l'huys de celuy qui ladite œuvre aura faicte et s'y l'amendera de 20 sols dont justice aura 10 sols et les dits gardes 10 sols pour ayder à soustenir ledit métier comme dit est. »

Enfin « tous ceux dudict métier tant maistres que varlets étaient tenus jurer y celles présentes ordonnances tenir et garder et aussi que au dict mestier aurait quatre preud-hommes dont par justice deux par chascun an renouvellés par la nomination des vieux gardes appelés avec eux six des maistres audict mestier (1) ».

Les statuts des huchiers furent à nouveau modifiés, tout en gardant les mêmes règles générales sur la corporation ainsi que sur la loyauté du travail, en 1467 sous Louis XI, puis en 1580 sous Henri III.

Ultérieurement, d'autres statuts furent encore promulgués parce que les anciennes règles ne correspondaient plus aux besoins nouveaux des corporations. En outre, en raison des habitudes et nécessités provinciales, certains statuts furent établis dans diverses grandes villes de la province nor-mande : Rouen, Alençon, etc... C'est ainsi que les artisans de

(1) Archives de l'Orne. Bailliage civil, année 1631. Série E in « Les statuts des menuisiers normands ». par L. Boutry. *Le Pays Normand*, n° 1, janvier 1901.

cette dernière ville reçurent, en 1631, des statuts spéciaux.

De nouveaux statuts furent établis en 1645, sous Louis XIII et enfin sous Louis XV par lettres patentes de mars 1744.

D'une façon générale, ces divers statuts s'inspirèrent des dispositions mentionnées dans les statuts antérieurs; mêmes obligations pour tout ce qui concernait l'organisation intérieure des corporations : la durée de l'apprentissage, l'assiduité des apprentis, le chef-d'œuvre, etc... Certaines modifications furent apportées aux formalités de l'admission et aux interdictions relatives au travail nocturne et pendant les jours fériés. Les obligations concernant la confection des meubles : jubés, stalles, bancs, tables, dressoirs, lits, coffres, armoires, etc... furent toujours maintenues. Les assemblages, enfourchements et embrasements nécessaires à la construction de ces meubles et travaux, devaient être fidèlement exécutés selon les règles de la corporation (1). Le tout devait toujours être « de bon bois loyal et marchand à peine de 10 escus d'amende et les dits ouvrages brûlés devant la porte de l'ouvrier ». En échange de toutes ces règles, qui assurèrent à la France, et à la Normandie en particulier, une production de meubles si bien travaillés et si solides qu'ils ont défié l'épreuve du temps, les huchiers-menuisiers avaient des droits et privilèges qui furent maintenus dans tous les statuts et édits précités. Nulle autre personne, quelle que fût sa qualité ou son métier, n'avait le droit de construire et de vendre un meuble quelconque. Un exemple rapporté par L. Boutry, montre que ces privilèges n'étaient

______

(1) « Un procès-verbal du sergent royal dressé en 1630 à la requête de Philippe Charpentier et Julien Coslon, maîtres-gardes de la corporation des huchiers-menuisiers, note la saisie, après visite « d'un charlit de bois de noyer attendu que y celuy n'est nulle valeur et faict de bois eschauffé et de bois d'aubier ny faict selon les règles du mestier ».

pas tombés en désuétude, même à la fin du XVIIe siècle. En 1681, en effet, les gardes-jurés citèrent en justice un malheureux amateur qui n'avait eu que le tort, bien petit, de fabriquer un banc pour lui et un autre pour un de ses amis. Ils obtinrent la condamnation à l'amende et la confiscation des objets saisis.

Pour en terminer avec ces généralités concernant les cor-

Fig. 17. — Coffre normand (style gothique flamboyant).
(Musée d'ethnographie d'Honfleur.)

porations, il faut signaler qu'en plus de celles-ci, il existait des confréries. L'avant-dernier article des statuts d'Alençon de 1631, par exemple, mentionne : « Item aussy toutes lesdites amendes qui sont appliquées à la boueste serviront tant à la confrairye pour l'entretien du service que pour l'entretien des affaires dudit métier ». « Item aussy sera célébrée une messe tous les ans aux dépens de la boueste, et pour ce qui est du pain bénist et autres frais qu'ils pourront faire pour la *royaulté*, ce sera au *roy* à les payer à ses propres cousts et despens. »

Comme le remarque L. Boutry, ce dernier alinéa représente un vestige des vieilles coutumes des corporations car, avant la création des maistres gardes-jurés, le Roy était un des Anciens Maistres investi du droit de visite sur les autres. Disparu, par la suite, avec les statuts nouveaux des corporations, ce droit avait été maintenu dans les usages des Confréries.

Plus tard, avec l'établissement du pouvoir absolu, les corporations de la province normande perdent leurs statuts particuliers, pour s'asservir plus ou moins aux statuts promulgués à Paris ou à Rouen. En 1732, de nouveaux statuts furent édictés à Rouen, et les huchiers-menuisiers prirent le titre d'ébénistes-huchiers-menuisiers et confirmèrent l'existence de leur confrérie sous l'invocation de la Sainte-Trinité et de Saint-Pierre. Les artisans rouennais et de toute la Normandie gardaient « exclusivement le droit de confectionner les stalles, pupitres, bancs, tables d'autel, chaires et autres objets d'église, les bahuts, les coffres, les portes, les lambris et autres ouvrages en usage dans les maisons particulières (1) ». Les layetiers, écriniers, malletiers et coffretiers conservaient le privilège de la fabrication des boîtes à linge, cassettes, malles, encadrements pour les miroirs et coffrets recouverts de cuir. Laissant de côté le résumé chronologique des diverses promulgations de statuts et pour en revenir aux généralités concernant les artisans normands, notons que pendant le XVI$^e$ siècle, ils avaient acquis une telle notoriété qu'ils furent souvent appelés à Paris pour y exécuter des travaux. A cette époque, également, on vit s'élever un peu partout en Normandie, particulièrement dans toute la vallée d'Auge, d'admirables mai-

(1) QUIEN-LACROIX, *Corporations d'arts et métiers de Rouen.*

sons de bois sculpté, dites à colombages (Rouen, Lisieux, Honfleur, Caen, Bayeux, etc.) que les artisans ornèrent d'admirables sculptures (exemple : maison de François Ier à Lisieux) dans le courant du XVIe siècle. Les meubles sculptés se répandirent dans toute la province normande. Ces meubles, comme ceux construits aux siècles précédents, furent presque toujours construits en chêne (tandis que les artistes du Midi utilisaient surtout le noyer qui se prête plus facilement aux virtuosités du ciseau). Malgré l'habileté croissante des artisans citadins, la dureté du chêne, sa constitution en fibres longues, imposèrent, de tous temps, aux sculpteurs normands, le choix de dessins simples, sévères et puissants.

Avant d'en terminer avec les généralités, il faut faire observer qu'à côté des artisans normands citadins qui étaient astreints aux statuts exposés précédemment et qui exécutaient des meubles particulièrement harmonieux, pourvus de contours galbeux, et ornés de moulures et de sculptures parfaitement exécutées, il y eut, à toutes les époques, dans les villages, des artisans libres qui exécutèrent des meubles qui s'inspiraient de ceux confectionnés dans les villes, mais qui étaient travaillés avec moins de perfection et plus sobrement sculptés. Ces meubles plus simples, plus puissants, plus naïfs aussi, ont souvent beaucoup de caractère et indiquent parfois mieux que ceux des villes, la facture particulière et traditionnelle des artisans d'une région. Au point de vue ethnographique ce sont donc les plus intéressants. En effet, alors que les artisans citadins s'inspiraient parfois de cartons venus de centres importants de sculpture comme celui de Rouen [où plusieurs écoles firent époque] et, en tout cas, adoptaient les caractéristiques des styles principaux qui se sont succédé, les **artisans ruraux**, par contre, se transmettaient souvent leurs motifs décoratifs de père en fils, motifs inspirés eux-mêmes des goûts traditionnels régionaux des paysans, leurs clients habituels. Il en est résulté une stabilisation des formes qui permet de mieux saisir les diffé-

Fig. 18. — Coffre normand (style gothique flamboyant). Collection L. Leclerc.

rences qui existent entre des meubles des diverses régions de Normandie et d'établir, rétrospectivement, les goûts, les usages, la psychologie, en un mot, des habitants de certains territoires, mais qui embarrasse, par contre, considérablement, pour préciser l'époque (1) d'un meuble donné. En effet, les **artisans ruraux** ont continué, par exemple, à construire des armoires de style Louis XIV, à la fin de

(1) Je dis « époque » et non « style ».

l'époque Louis XV et des armoires Louis XV à la fin de l'époque Louis XVI, etc. Il en fut de même pour les coffres et bahuts. Cette routine explique aussi l'existence de certains meubles de transition difficiles à classer. Un artisan rural remarquait par exemple, au cours d'un voyage « à la ville voisine », une armoire Louis XV. Par la suite il ornait d'un ou plusieurs motifs de ce style, les armoires de style Louis XIV qu'il avait accoutumé de faire. D'où une hybridité de style qui déroute. Voilà deux points importants dont il importe de se souvenir lorsqu'on étudie un meuble campagnard.

### DESCRIPTION DES MEUBLES NORMANDS.

Comme il vient d'être dit, au cours des généralités qui précèdent, les charpentiers, puis les huchiers, puis les huchiers-menuisiers, puis les ébénistes ont exécuté, en Normandie, du XIII$^e$ au XIX$^e$ siècle, toutes sortes de meubles : coffres, bahuts, stalles, chaires à une ou deux places (XV$^e$ siècle), dressoirs (XV$^e$ siècle), bancs, lits, armoires, horloges, rouets, etc...

Les caractéristiques communes de ces meubles sont : leurs proportions harmonieuses, leur solidité, la sobriété sévère de leurs sculptures et, généralement, leur construction en chêne. Il est à noter que ces meubles, qu'il s'agisse de coffres ou d'armoires, ne comportent pas de clous, sauf pour les serrures. Ils sont montés avec des chevilles de chêne de même teinte et exactement appropriées à leurs trous respectifs. Ces chevilles effilées dépassant à l'intérieur des meubles de plusieurs centimètres, il suffit de les repousser avec un maillet de bois pour démonter une armoire à lourds panneaux en quelques minutes. On la remonte aussi facilement. Quant à la corniche elle est simplement posée sur le haut de l'armoire.

Le style général de ces meubles et leurs motifs de sculptures ont varié selon les époques.

Pour certains meubles, le style ne présentait pas, en Normandie, de particularités spéciales à l'esprit des artisans de cette province. Ceci tenait à ce que ces artisans, soit en se déplaçant d'une province à l'autre, soit en exécutant leur tour de France, répandaient dans notre province, le style et les motifs en vogue à l'époque où ils vivaient. C'est ainsi qu'on trouve, dans le bas Cotentin, comme dans toute la Normandie en général, des fauteuils et des lits Henri II, des fauteuils et des chaises Louis XIII (tournés ou à os de mouton, et recouverts de tapisserie à fond tête de nègre), des fauteuils et des chaises Louis XIV, des fauteuils, des chaises et des lits Louis XV et Louis XVI, qui sont analogues à ceux construits dans d'autres provinces et dans l'Ile-de-France en particulier. Aussi est-il inutile d'étudier ces meubles dans ce travail sur le mobilier normand.

Ce qui est spécial à la Normandie, ce sont les coffres et bahuts, les vaisseliers, les bancelles, les armoires et les horloges, dont je vais dire quelques mots. Pour terminer ce chapitre consacré à l'ameublement, j'étudierai quelques objets et ustensiles que l'on utilisait communément dans les environs de Coutances et dont on trouve encore quelques spécimens dans les vieilles fermes, tels sont : fontaines de grès et de cuivre jaune ou rouge; assiettes et pots d'étain; « guichons » de terre cuite; actuels pots à cidre en terre de grès; « cannes » de cuivre (qui servaient au transport du lait); « grassets » à huile qui éclairaient, le soir venu, l'àtre des vieilles chaumières; etc...

Dans le cours de cette brève étude, dont j'ai réuni les

éléments avec les plus grandes peines (car il n'existe, actuellement, aucun ouvrage sur le mobilier et les ustensiles normands), je devrai laisser de côté la description des merveilleuses faïences de Rouen, puisque le cadre que je me suis imposé ne comporte que ce qui est relatif au bas Cotentin des environs de Coutances. Je dois signaler cependant, comme je l'ai fait dans la préface, que, hormis cette restriction touchant les faïences de Rouen, toute cette étude du mobilier et des ustensiles des environs de Coutances est, en réalité, celle du mobilier et des ustensiles de tout le Cotentin et même, à quelques détails près, celle de toute la Normandie en général.

*Coffres et bahuts.*

Comme il a déjà été dit, les coffres de la fin du XIII<sup>e</sup> et du XIV<sup>e</sup> siècle étaient en planches massives, recouvertes de cuir ou de toiles peintes marouflées avec applications de pentures en fer forgé. Ces coffres sont excessivement rares.

Au début de l'époque où fleurissait le style gothique, les coffres étaient en chêne sculpté en plein bois, sans panneaux enchâssés dans des montants. Puis vint la période du gothique flamboyant qui a régné de la fin du XIV<sup>e</sup> jusqu'à la Renaissance. Pendant cette époque, les devants de coffre étaient composés de panneaux de ce style, encastrés dans des montants intercalaires. Un des premiers motifs de sculpture fut *le pli serviette* qui était inspiré de l'aspect du rouleau de parchemin lequel, lorsqu'il est déroulé, conserve à ses deux extrémités une tendance à s'enrouler et à former des volutes. Les montants étaient parfois sculptés, mais plus souvent adornés de baguettes sculptées appliquées sur ces montants et retenues par des chevilles de bois.

La plupart des coffres de cette époque, comme beaucoup de ceux des périodes ultérieures, ont perdu, au cours des temps et des tribulations, ces baguettes sculptées. Mais on remarque en haut et en bas des montants, des trous

Fig. 19. — *En haut :* Vieille serrure de coffre paysan.
*En bas :* Panneau de coffre normand, style François Ier. [La tête de chevalier a été démolie pendant la Révolution.]

Fig. 20. — Panneau médian de coffre Renaissance avec belle serrure ciselée.
(Collection Léon Gosset.)

correspondant aux chevilles qui retenaient ces ornements.

Quant aux panneaux du devant de ces coffres, ils étaient en général au nombre de cinq ou de sept; ces panneaux représentaient parfois, tous, les mêmes dessins, parfois, des dessins différents quoique de même style général. Quand

le nombre des panneaux est impair, celui du milieu est,
le plus souvent, moins haut que les autres, afin de ménager
au-dessus de lui un emplacement pour la vieille serrure
de fer forgé. L'entrée de ces serrures est protégée par
une pièce de fer forgé plus ou moins ciselée. Cette pièce,
qui pivote autour d'un axe situé à sa partie supérieure, se

Fig. 21. — Coffre normand religieux (époque de la Renaissance).
(Collection Dr Stephen Chauvet.)

déplace latéralement pour découvrir l'entrée de la serrure
et permettre l'introduction d'une grosse clef plus ou moins
ouvragée. Cette pièce empêchait les poussières et l'eau de
pénétrer dans la serrure. Quant aux côtés des coffres, ils
comportent généralement deux panneaux de chaque côté.
Ces panneaux sont tantôt lisses, tantôt sculptés comme ceux
du devant du coffre (plis serviette ou dessins de style gothique
simple ou de gothique flamboyant). Quand le coffre est orné
de panneaux à plis serviette, ceux des côtés ont, en général,
des plis plus simplifiés que ceux des panneaux du devant.

Pendant la Renaissance (xv<sup>e</sup> et xvi<sup>e</sup> siècles), les huchiers-menuisiers normands construisirent beaucoup de *coffres* et de *bahuts*. La Normandie est, en effet, le pays des coffres, des bahuts, des armoires et des horloges.

Les *coffres*, généralement plus longs et moins hauts que les bahuts, sont moins finis comme travail que ces derniers.

Certains coffres construits sous Louis XII et François I<sup>er</sup> perdent le caractère religieux de ceux des époques précédentes et présentent des panneaux de devant comportant soit des personnages surmontés d'un cintre grossier, soit, au niveau du tiers supérieur de chaque panneau, un médaillon rond représentant une tête, vue de profil, plus ou moins finement sculptée (fig. 19). Ces panneaux comportent au-dessus et au-dessous des médaillons, des représentations de feuillages, de fruits et de rubans. D'autres coffres, plus nombreux, ont des panneaux représentant des dessins à tendance géométrique. Parfois ces panneaux ne se ressemblent pas tous entre eux. Les montants intercalaires sont recouverts le plus souvent de baguettes tournées. Les remarques faites ci-dessus pour le panneau central, la serrure et les panneaux des côtés, s'appliquent également aux coffres de cette période comme à ceux construits ultérieurement. Il est à noter enfin que jamais, pas plus aux périodes antérieures que pendant celle-ci et les périodes ultérieures, le dos et le dessus des coffres n'ont été sculptés. Le dessus de tous les coffres est généralement constitué par un large couvercle plat, en chêne uni, portant sur la partie antérieure et médiane, la patte de fer mobile qui venait s'encastrer dans le devant de la serrure et permettait la fermeture du coffre. Quant à la paroi postérieure du coffre, elle est toujours constituée par des planches de chêne, assez grossières, s'encastrant en haut et en bas dans de puissantes traverses horizontales en chêne. Ces planches sont maintenues par des chevilles de bois. A l'intérieur de ces coffres qui étaient destinés à serrer les « hardes », et à les transporter lors des déplacements, se trouve, presque toujours, une sorte de petite boîte, « l'éclypette », située à la partie supérieure d'un des côtés des coffres et fermée par une planchette qui se soulevait et s'abaissait, grâce à deux pivots de bois (et non grâce à des charnières métalliques). Ce petit compartiment servait à ranger les foulards, les objets précieux et l'argent : écus de 3 et 6 livres, pièces de six liards, etc.

Les bahuts Renaissance étaient constitués, sur le devant et sur les côtés, par des panneaux finement sculptés, ornés de dessins sans représentation de personnages. Les panneaux du devant sont généralement au nombre de trois, celui du milieu étant plus large que les deux autres. Sur chacun des côtés du bahut, se trouvent deux panneaux étroits, lisses ou sculptés. Les montants qui séparaient les panneaux, étaient recouverts de sortes de pilastres adornés de cannelures, d'entrelacs et munis de chapiteaux. Les traverses horizontales supérieures et inférieures étaient également recouvertes de puissantes baguettes sculptées avec des motifs divers.

Certains bahuts enfin, qui semblent avoir appartenu à des églises, à des monastères ou à des abbayes, présentent, sur le devant, de grands panneaux, généralement au nombre de trois, sculptés en bas-relief, et figurant des scènes de la vie du Christ (fig. 21). Dans les angles supérieurs de ces panneaux existent souvent des têtes d'anges avec petites ailes. Sur les côtés de ces bahuts, se trouvent des panneaux, au nombre de deux de chaque côté, sculptés, généralement, de ravissants entrelacs. Entre les panneaux, se dressent des pilastres analogues à ceux précédemment décrits ou des sortes de cariatides. Les traverses horizontales sont également revêtues de motifs sculpturaux représentant surtout des coquilles et des entrelacs.

A la fin de la Renaissance, sous Henri II (1547-1559), on continue à construire, dans les campagnes, des coffres de chêne assez grossièrement sculptés. Les difficultés de communication, le traditionalisme des ateliers, la routine, expliquent non seulement que ces coffres aient presque toujours les mêmes motifs décoratifs mais encore que ces motifs soient d'une époque antérieure à celle de la construction des meubles. Les panneaux sont généralement ornés d'un demi-cercle à la partie supérieure. Ce demi-cercle repose, à chaque extrémité, sur deux colonnes de bas-relief portant des cannelures. Entre ces colonnes, se trouve un losange. Les coffres ayant ces sortes de panneaux, sont généralement appelés coffres « romans », mais, encore que les motifs rappellent évidemment ceux de la période romane, cette origine me parait douteuse et je suis porté à croire que ce sont des meubles de la fin du XV<sup>e</sup> et de la première moitié du XVI<sup>e</sup> siècle.

A cette même période, et ultérieurement, on contruisit également, soit de beaux bahuts sculptés (fig. 22), soit des coffres fort simples à épais panneaux de chêne. Ce sont ces derniers meubles, dont l'épaisseur des panneaux se prête à des sculptures de seconde main, que de nombreux antiquaires font sculpter et vendent comme de vieux coffres sculptés. Parfois aussi, ces coffres sculptés de seconde main sont montés, par les antiquaires, sur des pieds de 60 à 70 centimètres de hauteur, reposant eux-mêmes sur un soubassement. Pieds et soubassement sont sculptés dans du vieux bois. C'est ainsi que sont fabriqués ces meubles dits crédences qui se vendent fort bien, mais qui sont, à tous points de vue, des meubles faux, les crédences de cette forme n'ayant jamais existé en Normandie. Par la suite, les mœurs, les goûts, les conditions d'existence ayant changé, on cessa, vers la fin de Louis XIII (1643) de fabriquer des coffres, et l'on commença à construire les premières armoires. Il faut noter,

Fig. 22. — Bahut normand (fin époque Renaissance).
(Coll. Dʳ Stephen Chauvet.)

cependant, que si l'on cessa de fabriquer des coffres en Basse-Normandie et en particulier dans le Cotentin, on recommença à construire, par contre, à la fin du XVIIIᵉ siècle et au début du XIXᵉ dans la partie est du Calvados, et surtout dans la vallée d'Auge, des petits coffres de voyage, légers et non sculptés, mais, ornés de peintures naïves (oiseaux, fleurs, cœurs, etc...), qui sont plutôt de véritables mallettes. Elles étaient en sapin parfois, ou en hêtre beaucoup plus souvent.

*Armoires Louis XIII.*

C'est sous Louis XIII (1610-1643) que l'on se mit à fabriquer les premières armoires en chêne. Tout porte à croire que c'est dans le Cotentin d'abord que l'on fabriqua ces meubles. Quoique le bien-être commençât à se répandre dans les campagnes, ce furent surtout des meubles de châteaux, de manoirs et d'abbayes, [de même que les premiers buffets à quatre portes semblables et que les premières horloges]. C'est pourquoi tous ces meubles sont fort rares. Il en est de même des meubles de sacristie, destinés à remiser les objets du culte, que l'on ne rencontrait que dans les abbayes riches. Chez les paysans de ce temps, le meuble le plus courant continua à être le coffre construit sur des anciennes données. Ce fut, d'ailleurs, à cette époque et aussi un peu après, que l'on construisit les derniers coffres. Outre ceux-ci, les paysans n'avaient, comme autres meubles, que les bancs tout simples. Les escabeaux étaient, en effet, plutôt des sièges de châteaux et de manoirs. Quant au lit paysan, il n'existait pas à proprement parler. La paillasse était simplement maintenue par de grossières planches de chêne.

Pour en revenir aux armoires Louis XIII, elles sont toutes en chêne et d'assez petite taille. Elles sont, en effet, notablement plus petites que les armoires Louis XIV. Les armoires Louis XIII sont très sobres; elles n'ont pas de sculptures en général mais simplement des moulures. Elles représentent plus un travail de bon menuisier que d'ébéniste. Avec les armoires Louis XIV ce sont celles qui ont le plus d'unité de facture et de style.

Ces armoires Louis XIII comportent deux portes suspendues par des gonds de fer forgé. Ces portes ont des motifs décoratifs géométriques (fig. 23), ce qui n'est pas étonnant, le style Louis XIII étant précisément caractérisé par une réaction contre l'afféterie où était tombé, à la fin du XVIe siècle, l'art de la Renaissance. La corniche est à plusieurs rangs, entamés de rayures simples. Les pieds sont carrés et droits et prolongent le montant latéral. Ce n'est qu'à la fin du style Louis XIII, au moment de la transition avec le style Louis XIV, qu'on commença à sculpter, dans les angles des panneaux, des motifs décoratifs inspirés de la feuille d'acanthe. Dès cette époque, comme les armoires devinrent plus répandues, on commença à reléguer les coffres dans les communs et, en particulier, dans les écuries où ils reposaient sur la terre plus ou moins humide. C'est ce qui explique la pourriture des pieds des coffres que l'on trouve actuellement. A l'écurie, ces meubles servaient à renfermer l'avoine. Cet usage a permis d'en conserver beaucoup. D'autres furent détruits, ou servirent à faire des cages à lapins. On trouve parfois des devants de coffres dont les sculptures sont perforées de trous, en raison de cette dernière destination.

Les armoires Louis XIV, assez rares, sont les plus belles. Ce sont de superbes pièces de chêne massif, ayant deux grandes portes sculptées, une corniche à plusieurs rangs de sculptures et généralement un tiroir inférieur, lui-même sculpté, qui occupe toute la largeur de l'armoire. Ce tiroir, qui porte une serrure, est muni de deux glands qui servent à le tirer. Ces glands, comme les gonds des portes et les deux appliques ajourées des serrures, sont en fer forgé secondairement étamé. Chaque porte comprend deux panneaux carrés, supérieur et inférieur, séparés par un panneau rectangulaire, allongé horizontalement (fig. 24).

Aux quatre coins de chacun des panneaux carrés, se trouvent sculptés des motifs ressemblant à des feuilles d'acanthe.

Fig. 23. — Armoire normande Louis XIII.

Ce motif est, en outre, souvent répété sur une ou plusieurs des rangées de la corniche. Le petit panneau horizontal, médian, est sculpté de fleurs et de branches ou de guirlandes. Sur les côtés de ces armoires, les panneaux (deux

Fig. 24. — Armoire normande Louis XIV. (Coll. D^r Stephen Chauvet.)

grands, carrés, séparés par un panneau intermédiaire, rectangulaire) portent des rainures géométriques fort simples mais d'un ensemble harmonieux. A l'intérieur de ces armoires, se trouvent soit, ce qui est rare, un grand tiroir de chêne situé au milieu de la hauteur de ces meubles, soit, ce qui est presque la règle, deux tiroirs fermant à clefs, situés toujours au niveau du milieu des armoires et occupant, chacun, la moitié de la largeur intérieure. Dans ces tiroirs, les Normandes rangeaient leurs bijoux : cœur et croix jeannette, pendeloques d'oreilles, épingles de coiffes et de fichus, etc... Elles y mettaient aussi leurs économies et parfois leurs fichus et leurs dentelles.

*Buffets Louis XIV.*

On construisit également, dans le bas Cotentin, à la fin de la même époque, des buffets qui sont infiniment plus rares que les armoires. Ils sont, généralement, d'un seul corps, le haut ayant la même largeur que le bas. La corniche de ces meubles est plus simple et comprend moins d'étages que celle des armoires. Chacune des deux grandes portes des armoires est remplacée par deux petites portes, l'une inférieure, l'autre supérieure, donnant accès dans chacun des deux corps du buffet. Entre les deux portes, se trouve un tiroir muni d'un pommeau rond en fer forgé. La décoration des panneaux est fort gracieuse tout en étant très sobre. Certains de ces panneaux sont carrés, avec les coins abattus ou ornés de sculpture à feuilles d'acanthe ou encore de quelques fleurs grossières et de branchages. Ces buffets sont pur style Louis XIV. D'autres ont des panneaux encadrés de moulures cintrées à la partie supérieure, ce qui indique la transition avec l'époque Louis XV (fig. 25), période où la ligne droite disparut pour faire place aux cintres et aux lignes

courbes qui caractérisent ce nouveau style. Pour en revenir
aux panneaux, la moulure cintrée supérieure se trouve elle-

Fig. 25. — Buffet normand (transition époque Louis XIV et Louis XV).
(Coll. Dr Stéphen Chauvet.)

même, souvent, au-dessous d'un gracieux motif décoratif à
feuille d'acanthe plus ou moins modifiée. Les portes, à leur
tour, sont bordées d'une grosse moulure. La corniche est
droite. Les pieds sont également droits et carrés. A l'entrée

des serrures et autour du pied des pommeaux des tiroirs se trouvent des pièces de fer ajourées.

Ces meubles, quoique relativement simples, sont fort distingués. Pour ces buffets, comme pour toutes les armoires, la caractéristique des meubles du Cotentin est d'être sobres de sculptures et de n'avoir que des motifs de bon goût. Certains meubles du Calvados et la plupart des buffets et armoires cauchois sont, au contraire, surchargés d'ornements, souvent peu distingués et peu harmonieux.

*Armoires Louis XV.*

L'armoire normande qui était un meuble encore relativement rare sous Louis XIV et qu'on rencontrait surtout dans les châteaux et dans les manoirs, devient, sous Louis XV, un meuble courant chez les paysans un peu aisés. C'était le meuble traditionnel et le plus important que se procuraient les futurs époux (les « accordés ») avant de se marier et de s'établir. Parfois, ils allaient, dans l'atelier d'un artisan, choisir, ensemble, une armoire de leurs goûts et à portée de leurs moyens. Souvent, aussi, les choses se passaient différemment. Des artisans huchiers-menuisiers allaient de villages en villages et s'entendaient avec les futurs époux pour la construction de leur armoire de mariage. Ils leur soumettaient des dessins, discutaient, avec eux, du choix des sculptures et des attributs symboliques, et, finalement, s'entendaient sur le prix de la façon de l'armoire choisie. Ils s'établissaient alors dans la ferme; on les logeait, on les nourrissait, on leur fournissait le chêne bien sec, qu'on avait mis en réserve à l'avance dans ce but, et ils fabriquaient l'armoire pour la somme convenue.

L'armoire Louis XV normande, possède, en général, une

Fig. 26. — Armoire fin époque Louis XV (collection Carpentier, à Lisieux).

corniche droite ou cintrée, et ayant, parfois, des angles arrondis et débordants. La corniche est moins haute et sculptée plus simplement que celles des belles armoires Louis XIV que nous étudierons ci-après. Sous la corniche, au-dessus des deux portes et chevillée avec le montant [ou pilastre] qui sépare les portes, se trouve une frise plus ou moins sculptée et souvent, aussi, un motif décoratif central [une corbeille de fleurs ou deux pigeons se bécotant, etc...].

Les portes sont divisées en deux parties par une large traverse sculptée obliquement dirigée de haut en bas, et de dedans en dehors (fig. 26). Les panneaux du haut et du bas de chaque porte sont en beau chêne veiné et ont des limites supérieures également obliques et constituées par des lignes courbes rejoignant les coquilles galbées et à dessins stylisés, qui se trouvent à l'union du tiers moyen et du tiers interne de la limite supérieure. On rencontre parfois, exceptionnellement, à la partie supéro-interne de chaque porte, un motif de sculpture qui dépasse le bord supérieur de chacune d'entre d'elles [bouquet de fleurs ou de feuillages... voir figure 26] : c'est ce qu'on appelle un « pélican ». De nos jours, de véritables béotiens remplacent, parfois, les panneaux de chêne par des glaces ! Les pieds sont parfois droits, mais le plus souvent cambrés ou à volutes. La traverse du bas de l'armoire est droite ou découpée et, dans ce cas, il n'est pas rare qu'elle soit sculptée. Les gonds et les devants de serrures sont en fer.

Les armoires Louis XVI sont assez semblables, dans l'ensemble, aux précédentes. Encore plus élégantes et plus galbeuses, — les plus belles se rencontrent dans le Cotentin, — elles ont deux grandes portes divisées en deux par un panneau oblique recouvert de sculptures. Les motifs décoratifs qui ornent l'encadrement des portes de ces meubles sont : la perle, le ruban torsadé, les entrelacs, les raies de cœur, ou de simples cannelures. Ceux qui ornent, en relief, le panneau oblique, représentent souvent une corbeille de fleurs d'où partent des rubans onduleux. Le fond du panneau est parfois quadrillé ou piqueté. Le montant vertical qui sépare les deux portes est orné de fleurs, de branchages ou d'imbrications de feuilles de lauriers stylisées. A la partie supérieure de ce montant vertical ou pilastre se trouve généralement un motif décoratif, qui s'applique en partie au devant de la corniche et qui représente tantôt une corbeille de fleurs, tantôt deux pigeons entourés d'une couronne de feuillages.

La corniche, qui a moins d'étages que celle des armoires Louis XIV, est généralement cintrée et sculptée. Autour de chacune des serrures de chaque porte, est appliquée, dans la plupart des cas, une longue bande de cuivre jaune ajourée et ciselée. Les pieds sont cintrés et parfois adornés de volutes. Les montants latéraux de l'armoire sont souvent arrondis et sculptés.

Les armoires Louis XVI sont souvent ornées, au niveau du petit panneau intermédiaire [oblique], de flambeaux entrecroisés. Parfois aussi, sur ce petit panneau médian des portes se trouvent des accessoires champêtres : chapeau de paille à grands bords, râteaux, flûtes, etc... ou bien une corbeille de fleurs ; celle-ci peut être remplacée par une corbeille d'où s'échappent des épis de blé. Certaines armoires portent aussi, soit au-dessus des portes, soit sur le panneau médian de chacune d'entre elles, un ou deux cœurs accolés. Nous avons dit qu'il se trouve parfois sur les armoires Louis XV, à la partie interne du bord supérieur des portes « un pélican », c'est-à-dire un motif de sculpture saillant, qui dépasse la limite supérieure de la porte et qui représente soit un bouquet de fleurs, soit un panache de feuilles d'acanthe. Ce « pélican » qui est très inconstant sur les armoires Louis XV, est presque de règle pour celles de style Louis XVI. Enfin, dans le bas de l'armoire, on rencontre, assez fréquemment, des draperies sculptées. Les diverses caractéristiques énumérées ci-dessus sont, en général, particulières aux armoires Louis XVI. Il faut savoir, cependant, qu'il est bien souvent très difficile, sinon impossible, de dire si une armoire est *de style* Louis XV ou Louis XVI. A fortiori, il est tout à fait impossible de savoir si une armoire est de *l'époque* Louis XV ou Louis XVI.

En effet, outre l'imbrication des styles, il est certain que, pendant la période dite Louis XVI, les vieux artisans des petits centres ont continué à construire des armoires d'après des cartons de dessins Louis XV qu'ils avaient dessinés dans leur enfance.

Quoi qu'il en soit, il importe de se rendre compte que les motifs de sculptures ci-dessus signalés ne sont pas figurés au hasard. Ils sont d'un symbolisme charmant et il y aurait une étude fort intéressante à faire sur ce sujet. L'armoire, qui était le meuble le plus important du nouveau foyer qui venait de se fonder, représente tantôt les attributs du mariage (flambeau de l'hyménée, carquois et flèches, cœurs entrelacés, colombes se bécotant), tantôt les symboles de la prospérité agricole qui était souhaitée et nécessaire au nouveau foyer (corbeilles de fleurs, épis de blé (1), accessoires des travaux champêtres : chapeau, outils, flûtes, etc...)

---

(1) Remarque curieuse, la pomme, pourtant si décorative et, qui, de plus, a tant d'importance pour les paysans, n'a pas été utilisée par les artisans normands comme motif d'ornementation, tandis que les sarments de vigne, les feuilles et les grappes sont souvent rencontrés sur les meubles du nord du Cotentin, en compagnie de roses plus ou moins simplifiées et stylisées!

En outre, certaines armoires portent une date qui est celle de la fabrication et, parfois, des initiales qui sont, soit celles des nouveaux époux, soit celles de l'artisan qui construisit l'armoire sur commande, pour les futurs mariés, lorsqu'ils n'étaient « qu'*accordés* ». Lorsque les initiales de l'artisan sont suivies d'un cœur et d'une date, cela signifie que cet artisan a construit l'armoire « de tout son cœur » pour les nouveaux époux, en l'année indiquée.

Enfin, les pentures qui ornent l'entrée des serrures des armoires Louis XVI et les gonds, sont généralement en cuivre, qui est plus facile à travailler que le fer.

On peut remarquer que, d'une façon générale, le XVIII° siècle fut le siècle des armoires en Normandie. Pendant ce siècle, l'armoire était devenue le meuble le plus courant de tout intérieur normand, et il n'était pas d'intérieur paysan, si modeste fût-il, qui n'eût son armoire plus ou moins belle. L'époque Louis XVI marque l'apogée et la fin des belles armoires normandes.

Il est à noter que pendant ce siècle et même au cours du siècle précédent, il existait également dans de nombreux intérieurs, d'autres meubles, assez proches parents des armoires. C'étaient ce qu'on pourrait appeler « des placards-armoires ou placards-buffets », c'est-à-dire des enfoncements pratiqués dans l'épaisseur des larges murailles et « qui étaient clos par des portes d'armoires ou de buffets retenues par un encadrement de bois fixé autour du placard ».

Enfin, pour en revenir à la fin de l'époque de Louis XVI, il faut rappeler qu'à ce moment, on commença à construire les premières *commodes;* mais celles-ci ne furent guère adoptées dans les campagnes normandes. Elles furent plutôt des meubles de ville. Elles n'avaient d'ailleurs aucun caractère normand particulier, même lorsqu'elles étaient faites en Normandie, et présentaient toujours le style général de cette époque.

Cependant, au début du XIX<sup>e</sup> siècle, on a construit, dans la Manche, un assez grand nombre de petits meubles spéciaux qui sont comme des *demi-buffets*, munis de pieds cintrés et de portes ornées de moulures et de sculptures rappelant le style fin Louis XV. Ces meubles sont parfois munis de deux tiroirs supérieurs et peuvent être alors désignés sous le nom, assez impropre d'ailleurs, de *Buffets commodes*. La traverse inférieure de ces petits buffets, est découpée en arcades moulurées, et porte, de plus, des sculptures fort simples. Ces meubles, qui ne sont pas spéciaux à la Normandie, sont généralement en chêne ou en hêtre, rarement en noyer.

Au début du XIX<sup>e</sup> siècle, on fabriqua, en outre, dans le bas Cotentin, de grandes armoires plates, fort simples au point de vue des sculptures et munies de gonds et de pentures en cuivre. Ces armoires, très souvent construites en hêtre ciré, ont deux grandes portes, formées chacune d'un seul grand panneau dont les limites supérieures et inférieures sont obliques. Il n'y a pas de traverses sculptées, obliques, à la partie médiane.

Après la Restauration, survint une véritable décadence dans les meubles normands en général, et l'armoire en particulier. Le genre : armoire normande, à proprement parler, armoire de chêne, sobrement, mais harmonieusement sculptée, ne doit donc comprendre que : les armoires Louis XIII, Louis XIV, Louis XV et Louis XVI. L'Empire a, par conséquent, marqué la fin des véritables armoires normandes à styles caractéristiques.

D'une façon générale, l'armoire et le rouet étaient les deux meubles principaux que la nouvelle mariée apportait dans son foyer. Comme nous l'avons déjà dit, on les transportait vers la ferme qui devait être occupée par les nouveaux époux, dans une charrette, un tombereau ou un « charreti ». La jeune mariée prenait place dans le véhicule, à côté de ses meubles. Le mari conduisait l'attelage. Les parents et amis caracolaient ou marchaient à côté de cet attelage, L'armoire renfermait tout le trousseau dont la mariée et le ménage pouvaient avoir besoin pendant toute leur vie : robes de droguet, châles de toile imprimée ou de soie, bonnets, chemises de toile de lin, draps, mouchoirs (par douzaines), etc... Cette abondance de linge explique que les vieilles Normandes ne faisaient leur lessive (1) qu'une ou deux fois par an. Le linge était lavé et *tapé* au « *douit* » ou à la rivière et mis à sécher au soleil, sur les prés. Puis il était repassé et plié dans l'armoire. Quelques bouquets de lavande abandonnaient leur odeur suave et fraîche à ce beau linge, lavé sans produits chimiques, et qui avait gardé de son séchage sur l'herbe, une délicieuse odeur de prés ou de fenaison.

*Les Bonnetières.*

Les antiquaires vendent communément une sorte de petite armoire n'ayant qu'une porte sculptée, qu'ils appellent *bonnetière*. Ce nom semblerait indiquer que les riches Normandes avaient un meuble spécial pour ranger leurs bonnets. J'ai étudié maints vieux inventaires, de nombreuses vieilles gravures et lithographies, interrogé de très vieilles Normandes, et recueilli l'opinion d'un certain nombre d'amateurs éclairés, et j'ai acquis la conviction que ce meuble

(1) A la cendre de bois.

n'existait pas en vieille Basse-Normandie. C'est également l'opinion de M. Léon Le Clerc, conservateur du musée ethnographique d'Honfleur avec lequel je me suis entretenu de ce sujet. Ces *bonnetières* sont, en réalité, des meubles faits de toutes pièces, avec du vieux bois, autour d'une porte de petite armoire ancienne. Avec une armoire ancienne, certains antiquaires font, ainsi, deux bonnetières. La porte elle-même est, bien souvent, surchargée de sculptures de seconde main, datant de la confection de la bonnetière, ceci pour satisfaire le goût des acheteurs non compétents, qui se figurent que la bonnetière est d'autant plus belle qu'elle est plus sculptée.

Si la bonnetière n'a pas, à mon avis, existé dans le Cotentin, on en rencontrerait, par contre, quelques exemplaires dans le pays de Caux. Les premières dateraient de 1770 environ. Ces bonnetières ont, très rarement, deux portes. En général, elles n'en ont qu'une. Les Normandes y rangeaient les bonnets, les fichus, les châles et les dentelles. Dans la vallée d'Auge, d'autre part, châles et dentelles étaient rangés (à la fin du XVIIIe et au début du XIXe) dans des petites caisses en bois de hêtre, naïvement recouvertes de peintures représentant des fleurs et des oiseaux.

*Lit Normand.*

Après l'armoire, qui est le meuble principal de la chambre à coucher normande, et avant d'aborder l'étude de la salle commune, il me faut dire un mot du lit des fermiers normands. A cet égard, on peut faire une remarque analogue à celle que je mentionnerai ultérieurement, à propos des fauteuils et des chaises. Le lit normand n'a, en général, rien de particulier et n'est pas une des pièces caractéristiques de l'ameublement normand. C'est pourquoi, comme je l'explique plus loin, on parle de la chaise alsacienne-lorraine et du lit breton, et l'on ne parle ni de la chaise normande, ni du lit normand, tandis que tout le monde connaît les mérites de l'armoire, du coffre et de l'horloge normands. Le lit des Normands est, en effet, en général, un lit de chêne, fort simple. Il est même assez curieux que les artisans normands qui sculptaient si bien, n'aient pas pris l'habitude de travailler les lits à l'instar des autres meubles. Je parle, bien entendu, du lit *régional*, car on peut trouver, dans certaines fermes, des lits fort beaux, de tous styles ; mais, quoique fabriqués en Normandie, ce ne sont pas des lits normands. Dans les chaumières, le lit [ou basse-couche] se trouve dans un coin obscur de la pièce commune, composé de planches de chêne grossièrement assemblées ; il supporte une paillasse de paille d'avoine ou de fougère, parfois un matelas de laine ou plutôt de plumes de poules, deux draps de grosse toile, rapiécés et une couverture de droguet à bandes rouges et noires. Chez les paysans plus aisés, le lit est dans une pièce à part ; il était parfois, à partir de l'époque Louis XVI, entouré de rideaux de toile supportés par un grand cadre de bois, ayant la forme et les dimensions du lit et suspendu au plafond. Ces rideaux étaient souvent, dans les intérieurs aisés, en toiles imprimées sur des planches de bois, gravées sous Louis XIV ou Louis XV, et, chez les paysans, soit en indienne du pays, soit en toile flammée de Rouen ou « siamoise », à dessins bleus sur fond blanc. On les rencontre, d'ailleurs, beaucoup plus communément dans toute la vallée d'Auge, région dans laquelle, chose curieuse, on trouve également quelques lits clos en bois, fort simples et jamais à deux étages comme en Bretagne.

Dans certaines régions de la Manche, en particulier dans

la Hague, on rencontre non des lits clos, mais des sortes de lits alcôves constitués par quatre montants qui supportent une corniche. Des traverses réunissent les montants en haut et en bas. La traverse située à la partie antérieure et supérieure du lit est généralement moulurée et quelque peu sculptée (une corbeille de roses et des branchages). Des rideaux de toile ferment ce lit alcôve qui est, en somme, un lit clos sans portes.

Il faut signaler, enfin, que les menuisiers normands n'ont pas créé un modèle de berceau régional caractéristique comme l'ont fait les artisans bretons, flamands, auvergnats, alsaciens-lorrains, provençaux, etc... Les lits d'enfants sont des sortes de caisses, munies de quatre pieds droits, et dont les côtés sont constitués par de simples baguettes plates, verticales et espacées.

Avant de terminer la description de la chambre normande, il faut mentionner que les miroirs étaient très rares. Seuls les fermiers aisés eurent, vers la fin du XVIII<sup>e</sup> siècle, des petites glaces à frontons décorés de branches de lauriers et de trois roses stylisées, en relief. Les montants de la glace, en relief, étaient ornés d'encoches courbes et de quadrillages. Les glaces étaient dorées ou argentées. Ces « mirettes » servaient à la maîtresse pour ajuster sa coiffe.

Enfin, je signalerai que si, dans les fermes un peu importantes, le lit et l'armoire sont dans une chambre, par contre, dans les chaumières, ils se trouvent dans un coin de la salle commune, dont je vais, maintenant, m'occuper.

*La grande salle commune et ses meubles (en Cotentin).*

Chaque grande ferme possède, au rez-de-chaussée, une grande salle, dont le sol est fait d'argile tassée, plus ou moins imprégnée de parcelles de fer battu fourni par le maréchal ferrant (1). Cette salle est munie d'une vaste cheminée, dont l'âtre, légèrement surélevé, est formé de pierres plates de granit. Deux jambages de granit supportent le vaste manteau, dont le fronton est constitué par une ou plusieurs pièces de granit. Au centre de celui-ci, se trouvent parfois sculptées, dans les châteaux et certains manoirs, des armoiries qui furent plus ou moins martelées pendant la Révolution. À l'intérieur de la cheminée et sur la planche qui se trouve au-dessus du fronton du manteau, sont rangés divers ustensiles que je décrirai ultérieurement. Auprès de la cheminée, on rencontre le billot ou *chouquet* sur lequel on coupe le bois, à coups de serpe, et le bûcher dans lequel les

(1) L'aire d'argile battue se rencontre non seulement, comme sol de la salle commune dans les chaumières et les grandes fermes, mais encore dans les manoirs et les châteaux du Cotentin. Il faut aller dans le Calvados, particulièrement dans la vallée d'Auge, pour trouver quelques vieux manoirs et châteaux dont le sol est revêtu de carrelages qui proviennent des très anciennes faïenceries du Pré d'Auge (près Lisieux). Ces poteries du Pré d'Auge, qui existaient déjà à l'époque gallo-romaine, fabriquèrent pendant toute l'époque médiévale et ultérieurement, des poteries à proprement parler qui étaient recherchées dans toute la Normandie, et des carreaux de pavages dont les dessins et les coloris ont varié selon les époques. Dès le XIIᵉ et XIIIᵉ siècle, ces poteries du Pré d'Auge ont fait de fort jolis carreaux, à dessins géométriques, de couleur jaune sur fond vert pâle ou rouge, et qui étaient recouverts d'un émail à reflets métalliques (grâce à l'utilisation d'oxyde de plomb surtout. Je possède des fragments de carreaux, trouvés il y a très longtemps, à l'abbaye de Hambye (arrondissement de Coutances, canton de Gavray, Manche) qui proviennent certainement du Pré d'Auge et datent de cette époque. On peut voir quelques carreaux de ce genre dans les chapelles du bas-côté gauche de la nef de la cathédrale de Coutances (voir : *Coutances et ses environs*, par le Dʳ Stephen Chauvet). Plus tard, aux XVIᵉ et XVIIᵉ siècles, ces poteries fabriquèrent ces beaux et brillants épis, en terre cuite émaillée, qui couronnaient les faîtes des manoirs et des maisons bourgeoises de la vallée d'Auge et qui, par l'harmonie et l'originalité de leur composition, le modelé des sculptures et l'éclat des coloris, rivalisaient, avec les faïences de Bernard de Palissy (1510-1590). Ces poteries cessèrent d'exister dans le courant du XVIIIᵉ siècle.

morceaux de fagots ou de bois sont empilés. Près des fenêtres

Fig. 27. — Grande salle commune de manoir. Fronton monolithe, en granit, avec armoiries très martelées lors de la Révolution.

qui donnent sur la cour de ferme, se trouve la table, encadrée de *bancs* et au-dessus de laquelle est suspendue la *planche à pain* (fig. 27). Contre un des murs de cette salle commune, où l'on prépare et prend les repas, et dans laquelle la fermière se tient, dans la journée, pour exécuter maints travaux, se trouve le *vaisselier*. A côté de lui, ou le long d'un autre mur, se dresse l'*horloge normande* enfermée dans une gaine de bois sculpté... et enfumé. Le plafond est constitué par une ou deux grosses poutres qui supportent d'autres poutrelles, plus petites et très nombreuses. Dans les très vieilles fermes, on aperçoit, entre les poutrelles, des sortes de boudins juxtaposés, formés de foin tordu et imprégné d'argile, qui contribuent, avec les poutres et poutrelles, à former le plafond. Au-dessus de celui-ci se trouve toujours une très épaisse couche d'argile battue qui, recouverte ou non de plancher, sert de sol à la pièce sus-jacente. Aux poutres de ce plafond, noirci par la fumée, sont suspendues, généralement, une ou plusieurs vessies de porc, gonflées d'air, qui sont destinées, une fois séchées, à servir de blagues à tabac. On rencontre aussi, souvent, pendu aux solives, un appareil de fer forgé (fig. 42), muni de crochets, auxquels sont attachés des andouilles qui ont été fumées dans la cheminée, un morceau de jambon entamé et parfois des paquets d'*oribus* ou des *chandelles* ou bien des oignons et des cosses de haricots et de pois. Après cette vue d'ensemble, étudions séparément, les principaux de ces meubles et objets.

*Les Horloges.*

Il est difficile de préciser à partir de quel moment les horloges, dites normandes, sont devenues d'usage courant dans les manoirs, dans les fermes et dans les chaumières de Normandie. Comme je ne connais aucun livre où cette question soit traitée, j'ai dû me faire une opinion en étudiant,

Fig. 28. — Horloges normandes.
Horloge paysanne à coffre droit (1 porte).
Horloge paysanne à vitre centrale (2 portes).

depuis dix ans, toutes les horloges que j'ai pu rencontrer, et en interrogeant les vieux paysans et les vieux horlogers qui ont eu l'occasion d'examiner, pour les réparer, un grand nombre de celles-ci.

On rencontre, extrêmement rarement, des horloges Louis XIV, car les horloges à caisse datent, précisément, de la fin de ce règne (fin du XVIIe et début du XVIIIe). Les caisses de ces horloges sont, en général, simples et très peu chargées de sculptures. Ces caisses, dites de forme droite, consistent en des boîtes assez étroites, ayant sur toute la hauteur, la même largeur. Le coffre de l'horloge est muni d'une porte étroite, dont les montants sont sommairement sculptés. La fermeture est en fer. Elle ne consiste pas en une serrure, mais en un bouton de fer, qui fait pivoter, à l'intérieur, une petite barre de fer qui s'engage derrière le montant du fût. On ouvre cette porte pour remonter, tous les soirs, les poids de pierre de l'horloge. La tête de l'horloge est plus large que le fût. Son fronton est cintré et avance quelque peu. Une porte antérieure, vitrée, permet de toucher à l'aiguille pour mettre l'horloge à l'heure. De chaque côté de la caisse, existe une petite porte tantôt pleine, tantôt vitrée. L'ensemble du meuble est en chêne. Quant à l'horloge, à proprement parler, je la décrirai un peu plus loin. Les horloges de cette époque sont extrêmement rares. Les châtelains devaient seuls en posséder. Les petits fermiers n'en avaient pas et organisaient les travaux de la journée soit selon la course du soleil, soit, dans les villages, en lisant l'heure sur le cadran solaire qui se trouvait, généralement, sur un des murs de l'église.

Les horloges Louis XV et Louis XVI sont, par contre, assez nombreuses. Les boîtes sont un peu plus hautes et plus larges qu'aux époques précédentes. On rencontre plusieurs formes de caisses : 1° la forme dite *cercueil* dans laquelle le haut de la caisse est plus large que le bas. Ces formes n'ont pas, en général, de vitre médiane; 2° la forme étranglée en sablier dite *demoiselle*, qui est pourvue d'un renflement ovalaire au niveau de la partie rétrécie afin de permettre le déplacement du balancier. Une vitre laisse voir le jeu de ce balancier; 3° une forme rare et d'ailleurs peu élégante, à gaine très longue et très étroite;

Fig. 29. — Horloge de manoir se rapprochant du type dit « Demoiselle ».

4° la forme qu'on peut appeler classique parce que la plus répandue (fig. 28), qui comporte une caisse droite, bien proportionnée comme hauteur et comme largeur; elle est surmontée d'une tête carrée, plus large que la gaine et ayant, elle-même, un fronton avançant un peu et cintré [ce qui permet d'apercevoir le *coq*]; 5° la forme à caisse droite, moins large que la précédente, munie d'un élargissement ovale pour le jeu du balancier.

Ces diverses horloges sont, soit surmontées de têtes rondes ou ovoïdes (fig. 29), pourvues de corniches plus ou moins sculptées, soit, plus souvent, de têtes carrées comme celle qui vient d'être brièvement décrite (fig. 28). Toutes ces horloges sont presque toujours en chêne et sculptées. On en construisait aussi en merisier ou en cerisier. Ces dernières horloges, plus communes et qui étaient certainement bien moins chères, sont, en général, dépourvues de sculptures et simplement moulurées.

Quoi qu'il en soit, la caisse (forme 4) d'horloge, la plus répandue, comportait deux types (fig. 28).

*Les unes* possèdent, à la partie centrale, une petite vitre ronde ou ovale, encastrée dans un cadre pourvu de sculptures géométriques. Au-dessus de cette vitre, se trouve une petite porte sculptée qui se fermait par

Fig. 30. — Cadrans d'horloge. 1° Cadran d'étain et une aiguille courte. 2° Cadran de cuivre (une aiguille courte et un fronton de cuivre). 3° Cadran de cuivre (deux aiguilles).

un bouton faisant pivoter, à l'intérieur, un
petit loquet. Certaines horloges ont, en
outre, en dessous de la vitre, une deuxième
petite porte (fig. 28).

*Les autres* étaient dépourvues de cette
petite vitre et étaient munies, sur le devant, d'une seule porte étroite et assez
haute, s'étendant sur les 2/3 de la hauteur
de la caisse. Ce dernier type d'horloge est,
souvent, sans motifs sculpturaux à proprement parler (fig. 28).

Le premier type, au contraire, comporte
des sculptures non seulement autour de
la vitre, mais encore à la partie supérieure
des portes et sur le fronton de la boîte à
horloge (corbeilles de fleurs; fleurs et branchages; draperies; pigeons se bécotant,
etc...).

Quant aux boutons et aux gonds, ils
sont soit en fer étamé, soit en cuivre
jaune.

Les remarques concernant l'époque de
la fabrication, que j'ai faites à propos
des armoires, s'appliquent également aux
horloges.

Plus tard, on construisit encore des
horloges de chêne. Mais ce meuble se
vulgarisa, et, pour répondre aux possi-
bilités de toutes les bourses, on en fabriqua aussi beaucoup en merisier et même
en sapin. Le hêtre était exceptionnellement
employé.

Fig. 31. — Cadrans d'hor-
loge. De haut en bas.
1° Cadran de cuivre,
modèle à 13 cartouches
d'émail avec 1 aiguille
courte et 1 fronton de
cuivre.
2° Cadran d'émail avec 1
aiguille courte, 1 fronton
de cuivre avec coq.
3° Cadran d'émail avec 2
aiguilles et un fronton
de cuivre avec sym-
boles et inscription.

Ces dernières horloges communes sont dépourvues de sculptures en bas-relief. Tout au plus, quelques-unes sont-elles ornées d'une simple corbeille ou de deux pigeons grossièrement dessinés par une simple entaille ou par un pointillé.

Depuis quatre-vingts ans, environ, on n'a plus construit d'horloges méritant l'attention des collectionneurs. Les caisses modernes sans élégance de forme, sans sculptures sont en matière vulgaire : sapin ou bois blanc, teintés et vernissés. Leur forme un peu ventrue et plus large en bas qu'en haut, rappelle celle d'un violon. Les horloges contenues dans ces caisses, ont un cadran peint (fleurs et oiseaux) provenant de la Forêt Noire [ou imitant les cadrans de cette région]. Ces meubles n'ont de valeur et d'intérêt à aucun point de vue, et ne méritent pas d'être considérés comme des horloges normandes.

Pour ce qui est des horloges à proprement parler (mécanismes, cadrans, frontons, timbres, etc.), on en a monté en diverses localités du Cotentin, entre autres à Periers. Les mouvements venaient soit du Jura, soit de Rouen, soit de Saint-Nicolas d'Aliermont, près de Dieppe. Les horloges de l'époque Louis XIV et Louis XV marchent 24 heures. Le paysan en remontait les poids de pierre ou de fer forgé avant de gagner son lit.

Sous Louis XVI on construisit des horloges qui marchaient huit jours. Beaucoup d'entre elles étaient d'origine comtoise. Les timbres de bronze, généralement fabriqués à Villedieu-les-Poëles, ont un son d'autant plus beau et argentin, qu'ils sont plus anciens. Les cadrans les plus anciens, Louis XIV et début Louis XV, sont en étain (fig. 30). Sur ces cadrans, se déplace une seule aiguille courte, parfois terminée, avant la pointe, par une sorte de petit soleil.

Les chiffres des heures sont taillés dans le cadran d'étain et peints en noir ou en émail noir. Le timbre de ces horloges est souvent suspendu au centre d'un dôme fermé par quatre tiges de fer venues des quatre coins de l'horloge et recourbées vers le centre.

Plus tard les cadrans furent entièrement en cuivre jaune (fig. 30). Sur ceux-ci également, les heures sont inscrites en creux et en noir, soit en chiffres romains, soit en chiffres arabes. Les plus anciens n'ont qu'une aiguille en cuivre. Les moins anciens ont deux aiguilles en cuivre. La plus courte, qui indique les heures, porte, à son extrémité, un disque ajouré et dentelé. Le nom du fabricant est souvent inscrit sur le cadran. Il est ciselé, grossièrement, en écriture courante. Le nom de la localité est parfois indiqué. Le cadran est surmonté d'un petit fronton en cuivre jaune ciselé. Un coq y est figuré souvent. De cette époque datent également certaines horloges-réveils, plus petites que les horloges à proprement parler et dont le cadran est en cuivre jaune. Ces réveils sont fort rares. Dans ces horloges le timbre est généralement fixé au bout d'une tige de fer centrale.

Puis vinrent les cadrans de cuivre jaune portant des médaillons (cartouches) d'émail blanc sur lesquels les heures sont inscrites en chiffres romains de couleur noire. Ces cadrans, qui sont dits à douze pièces, n'ont souvent qu'une seule aiguille de cuivre (fig. 31). D'autres horloges portaient sur le cadran de cuivre, outre les 12 cartouches d'émail, un disque central également en émail. Ce disque ne venait pas au contact des médaillons des heures. Ces horloges sont dites à treize pièces.

Enfin, on utilisa, à partir de la seconde moitié du xviiie siècle, les cadrans ronds tout émaillés, couleur blanc crème, avec des heures écrites en chiffres arabes [en creux, remplis de couleur ou d'émail noir]. Le nom du fabricant et celui de la localité sont généralement inscrits dans le cercle intérieur des heures. Ces horloges étaient surmontées d'un fronton en cuivre repoussé qui cachait le timbre. Ces frontons comportent un médaillon avec le nom de l'horloger ou celui de la localité où ils furent construits et la date. Au-dessus de ce médaillon, ou cul-de-lampe, sont représentés soit des léopards dressés l'un contre l'autre, soit d'autres motifs décoratifs, soit enfin un coq, oiseau qui était considéré comme le symbole du réveil et de l'heure (1).

Ce sont ces dernières horloges, à cadran d'émail, qui quoique devenues relativement rares depuis quelques années, sont rencontrées le plus communément en Basse-Normandie. Elles ont été montées entre 1750 et 1820. Les poids sont le plus souvent en pierre. Parfois, ils sont en fer forgé. Les poids de fonte proviennent de réparations faites ultérieurement.

*Vaisseliers.*

1° *Vaisseliers-écuelliers [ou faux paliers]*. Le vaisselier est, avec l'horloge, un des meubles traditionnels de tout intérieur normand. Les plus vieux sont en chêne. Les plus récents et les plus communs, sont en hêtre, en merisier ou en sapin. Ils sont, sauf de très rares exceptions, toujours très simples et dépourvus de sculptures. Tout au plus les montants latéraux, au lieu d'être tout droits, sont-ils,

(1) Le coq figurait également, à titre de symbole, sur les premières pièces de cuivre finement ciselées qui, dès la fin du xv° siècle (époque approximative de l'apparition des montres), recouvraient, sans le cacher, le balancier régulateur des montres ognons, de telle sorte qu'il finit par donner son nom à cette pièce de cuivre.

parfois, découpés. La photographie ci-jointe me dispense

Fig. 32. — Vaisselier-écuellier normand avec accessoires. Col. D<sup>r</sup> Stéphen Chauvet.)

de toute description. Les rayons destinés à retenir les assiettes, sont constitués par des balustrades formées de petits barreaux légèrement moulurés. Certains vaisseliers ont quelques barreaux verticaux remplacés par des figurations de dessins de jeux de cartes : as de cœur, as de carreau, as de trèfle, as de pique. Parfois, à la partie supérieure du vaisselier, se trouvent, grossièrement sculptés, deux pigeons opposés bec à bec. Dans le haut du vaisselier, se mettent les grands plats ovales de faïence commune, dont les dessins, assez grossiers, sont de couleur bleue. Les rayons du milieu retiennent soit des assiettes de faïence naïves, soit des assiettes ou des plats ronds ou ovales, en « terre de pierre » ou en étain. Des clous enfoncés soit le long des planches horizontales, soit le long des montants, retiennent les « moques » (1) ou grandes tasses dans lesquelles les Normands étaient accoutumés de boire le cidre, avant la généralisation de l'emploi des verres.

Le tiers inférieur du vaisselier avance plus que les 2/3 supérieurs du meuble que je viens de décrire. Il repose, sur l'aire de terre battue qui est le sol de la pièce, par l'intermédiaire d'une sorte de socle sans pieds et il est séparé du reste du vaisselier par une planche ou tablette horizontale qui avance à la manière d'une console. Dans cet étage inférieur du vaisselier, sur le socle, se rangent les grosses pièces en cuivre qui étaient fabriquées principalement à Villedieu-les-Poëles : chaudrons (caôdrons), bassins, « cannes », « lèche-frites », etc... et les bouteilles de grès qui contiennent le cidre (fig. 36).

<hr>

(1) L'usage des verres à boire est relativement récent dans le Cotentin. Dans de très nombreuses fermes on se sert encore des « moques » traditionnelles. C'est pourquoi on ne rencontre pas, dans la Manche, le *verrier* en bois ou en osier qui était assez répandu aux environs d'Honfleur et dans le pays cauchois.

Sur la planche supérieure se rangent les pots d'étain, les écuelles d'étain à oreilles, les plats de vieille poterie commune [« en caillou », disent les paysans], qui ont servi au dernier repas, et les « guichons » qui sont de petites soupières

Fig. 33. — Vieilles cuillères normandes [en cuivre].

individuelles en terre cuite dans lesquelles les Normands mangent leur traditionnelle soupe à la graisse.

Le vaisselier que je viens de décrire et qui est le plus répandu, peut être considéré comme le vrai vaisselier-écuellier rural de Basse-Normandie. Quelques exemplaires sont, parfois, munis de deux tiroirs placés sous la planche qui avance.

2° *Vaisselier-garde-manger*. On rencontre également des vaisseliers qui portent, à leur partie supérieure, un garde-manger généralement à deux portes, parfois moulurées, qui se ferment grâce à un petit bouton de fer ou de cuivre qui, en tournant, fait pivoter, à l'intérieur, une petite lame de fer. Exceptionnellement, ces portes sont pleines ou munies d'un treillage de bois. En général, chacune de ces portes est pourvue, soit d'un fin treillage métallique, soit, ce qui est beaucoup plus joli et caractéristique, d'une grande lame de fer-blanc étamé percée de trous qui assurent l'aération et qui composent des dessins géométriques ou des dessins représentant des fleurs ou d'autres sujets. Dans le bas d'une de ces plaques se trouvent poinçonnées les initiales de l'artisan et la date de l'exécution. Ces plaques datent le plus souvent d'une centaine d'années et paraissent antérieures aux treillis métalliques. A noter que la planche qui se trouve sous les portes est généralement découpée.

3° *Buffets-vaisseliers* et *buffets-vaisseliers-garde-manger* ou *Paliers*. A côté de ces vaisseliers-écuelliers rustiques, on rencontre aussi, plus rarement, d'autres meubles qui devaient se trouver chez les fermiers très aisés ou chez les bourgeois des petites villes. Ce sont :

A, tantôt des *buffets-vaisseliers* composés : 1° d'un buffet bas à deux portes dont chacune est surmontée ou non d'un tiroir ; et 2° d'un vaisselier posé sur le buffet.

B, tantôt des buffets-vaisseliers-garde-manger, composés d'un buffet à deux vantaux avec ou sans tiroirs, et d'un vaisselier-écuellier surmonté d'un garde-manger. Ces derniers meubles étant plus finis et destinés à des milieux plus aisés, ont souvent, non seulement leurs montants latéraux et leurs planches [situées sous les portes du buffet et sous lo garde-manger], découpées et même moulurées, mais encore leurs encadrements des portes du buffet et du garde-manger et leurs planches du bas du buffet de garde-manger, ornés de sculptures représentant des branchages et des roses. Autour des entrées de serrures du buffet se trouvent des pièces de fer étamé ou de cuivre, découpées.

Je décrirai un peu plus loin, dans un chapitre d'ensemble, la vaisselle d'étain qui a été si répandue en Normandie, et je donnerai quelques documents sur la corporation des Estaymiers. Pour le moment, les « guichons » qui sont si particuliers à la Normandie, m'amènent également à tenter une brève étude de la poterie normande du Cotentin.

### La Poterie Normande du bas Cotentin.

Ce qui caractérise, d'une façon générale, la poterie normande, c'est sa rusticité, sa robustesse et son traditionalisme. Il existait, autrefois, quelques centres principaux de poterie. Dans ces centres, on fabriquait un grand nombre de pièces de poterie de formes fort variées. Ces centres étaient également des endroits où des futurs potiers venaient faire leur apprentissage. En dehors de ces centres, il existait des poteries dans de nombreux villages. Partout où il y avait de l'argile plastique et du bois, on rencontrait des potiers, absolument comme, en dehors des grands centres de tissage, il existait des tisserands dans maints villages. Mais il n'en demeure pas moins que c'étaient surtout les centres de poterie qui procuraient aux Normands les nombreux objets dont ils avaient besoin. Ces centres principaux étaient Saint-Jacques de Nehou, Vindefontaine et Saussemesnil près de Valognes. Ces centres ont disparu depuis plusieurs années déjà, et les derniers potiers de ces localités sont partis pour Noron, près Bayeux, qui continue à fabriquer les quelques objets de poterie dont les Normands se servent encore. Le matériel des potiers normands était aussi traditionnel que l'étaient les formes de leurs poteries. Depuis plusieurs siècles, ce matériel n'avait été l'objet d'aucun perfectionnement et c'était, somme toute, le matériel des potiers grecs et étrusques et des potiers gallo-romains. Quant aux modèles, ils ne variaient pas; la forme s'en transmettait de père en fils. Ce matériel existe encore, d'ailleurs, à Noron, où je l'ai vu fonctionner il y a quelques mois. Le tour se compose essentiellement d'un pivot vertical, sur lequel repose un petit plateau. A la partie inférieure du pivot, se trouve une roue qui est, parfois, une vieille roue de voiture. Le potier, muni d'une « gaule » (bâton), imprime un mouvement de rotation à la roue. L'élan donné dure quelques instants pendant lesquels le potier, qui a lâché son bâton, en profite pour façonner le bloc de glaise qui se trouve dans le plateau. Celle-ci étreinte entre le pouce et l'index de chaque main, monte, entraînée par le mouvement giratoire du plateau. Le potier en profite pour donner à l'objet le profil qu'il

Fig. 34. — En haut : vieux carreaux émaillés du Pré d'Auge.
En bas : épis de faîtage ou *gaudion*, en terre de Nehou.

désire. Quoi qu'il en soit, les potiers perdaient (et perdent encore) plus de la moitié de leur temps à faire tourner leurs roues au lieu de se servir d'engrenages mûs par une manivelle, qu'un manœuvre ou un enfant eussent pu tourner, ce qui aurait intensifié la production.

Sans entrer dans les autres détails de l'art de la poterie et

Fig. 35. — De gauche à droite : guichon ; bouteille de grès ; fontaine de grès de Vindefontaine ; dame-Jeanne.

de la cuisson, qu'il me suffise d'indiquer que la glaise était apprêtée également avec les anciens procédés, par le battage au fléau, au lieu d'être passée à la broyeuse. Quant aux fours, qui ressemblaient assez aux fours à pain et qui, comme eux, étaient chauffés au bois, on n'y pouvait obtenir, comme me l'a indiqué M. Poullain, qu'une température de 700° maximum, ce qui a limité, pour les potiers normands, les vernis en usage. Certains vernis, en effet, exigent au moins 1.000°. Aussi le vernis le plus communément employé, consiste-t-il en plomb mélangé à de la cendre, ce qui donnait, après cuisson, un émail rouge brun (1).

D'une façon générale, les poteries des divers centres ne sont pas faciles à reconnaître les unes des autres. La couleur de la terre peut seule permettre une certaine discrimination. Les pièces de Saussemesnil sont en terre rouge très sombre, tirant sur la couleur lie de vin; la terre de Nehou est un peu gris-taupe; celle de Noron est rouge-brun. Comme je viens de le dire, les pièces d'usage courant ont un vernis brun-noir.

Les principales pièces fabriquées dans ces divers centres et qui étaient en usage dans les fermes, étaient les suivantes:

1° Les *guichons*. Ce sont des petites soupières individuelles contenant, pour les adultes, quatre assiettes de soupe environ. Elles ont deux oreilles latérales et un couvercle dominé par un bouton et souvent percé d'un trou. Les vieux Normands prétendent que la soupe à la graisse était bien meilleure dans les vieux guichons de Nehou qui sont presque introuvables, que dans « les guichons » de porcelaine que l'on vend actuellement.

2° Les *godiâs* ou godiets, petits gobelets grossiers en terre cuite rouge ou noire, dans lesquels on buvait le cidre à la ferme, mais surtout, sous les tentes, dans les assemblées et dans les grandes foires comme à Lessay. Ces godias n'avaient pas d'anse. Ces petits vases ressemblent à ceux qu'on trouve dans les dolmens!

---

(1) A Vallauris, près de Cannes, où se trouve un centre important et modernisé de faïencerie régionaliste, la couleur jaune d'or des pièces est obtenue avec un enduit fait avec de l'argile du pays, délayée dans de l'eau; et le vernis est obtenu avec un enduit composé avec du minerai de plomb (venu d'Espagne!) pulvérisé et mis en suspension dans de l'eau qui contient en outre un peu d'argile. Cet enduit métallique est presque bleu indigo avant la cuisson, et translucide après. Ce qui est navrant, c'est que nous avons du plomb en Bretagne, dans l'Yonne, etc...

Fig. 36. — Poteries normandes.

De haut en bas et de gauche à droite :
1° Pichet ancien; godias; moque en faïence; tasse à anse; connot ou puchi.
2° Bouteille de grès; connot.
3° Pot à miel; pot à beurre; terrine; pot à fleurs; assiette; terrine.
4° Pot-à-feu à 2 anses; gohan; petite serène; puchi; pichet moderne.

2<sup>bis</sup> Les *tasses*. C'étaient des « godias » munis d'une anse. Les petites servaient pour le café; les grandes servaient de « moques » pour boire le cidre. Aux environs de Saint-Lô, certaines tasses ont parfois deux anses (L. Beuve).

3° Les *connots* ou puchis qui servaient également, dans les foires, à « hâler le bon bère aux tonneaux » pour le verser rapidement dans les « godias ».

4° Les *pichets* ou *choquets* qui ont remplacé les pots d'étain et servent à verser le cidre lorsqu'on est à table, à la ferme. Ils sont moins fréquemment employés actuellement que les :

5° *Bouteilles* d'un litre ou d'un pot (deux litres) à embouchure étroite, qu'un bouchon peut obturer, et qui sont munis d'une anse. Les bouteilles servent également à emporter le cidre dans les champs et aussi pour le service de la table.

6° Les *bouteilles* qui servaient soit de boules à eau chaude, soit à mettre le cidre en bouteille (cidre bouché).

7° Les *dames-jeanne* dans lesquelles on mettait l'eau-de-vie de cidre pour la faire vieillir.

8° Les *saloirs*, ou sinots, ou chasnier, destinés à contenir les morceaux de lard salé.

9° Les *terrines* à détremper la farine de sarrasin pour préparer la galette.

D'autres terrines, un peu plus grandes, très évasées et munies d'une anse dite « sérénes », étaient destinées à contenir le lait pour permettre à la crème de monter. La forme avait été spécialement étudiée pour permettre l'écrémage à la cuillère ou à la passoire, ce qui était le procédé employé communément avant les écrémeuses.

10° D'autres « sérénes », également destinées à contenir le lait, étaient munies d'un trou à la partie inférieure, ce qui permettait de soutirer ce liquide en conservant la crème dans le récipient.

11° Les petits pots, presque coniques, ressemblant à des pots à fleurs, dans lesquels on conservait le miel.

12° Les pots à fleurs de forme presque droite, ornés de quelques lignes onduleuses [comme les premières poteries néolithiques !]

13° Les pot-au-feu munis de deux anses, assez rapprochées et situées du côté opposé à celui qui était léché par les flammes.

14° Diverses formes de *pots* et de *cruches*, munis d'anses et destinés à contenir de l'eau, et les *jarres* à lait.

15° Des *grassets* ou « crassets » en terre cuite dont la forme est absolument semblable à celle des lampes romaines. Ces crassets sont, je crois, fort anciens. En tout cas, on n'en rencontre qu'exceptionnellement, alors que l'on rencontre assez communément le grasset de fer qui était moins fragile et qui pouvait, soit se suspendre partout sans clou, soit se fixer dans le « begat » et qui permettait enfin, grâce à un deuxième récipient, de récupérer une partie de l'huile du crasset. Un grasset de terre que j'ai trouvé, cette année, après quinze ans de recherches, est en terre rouge, recouverte d'un vernis vert. Il est muni d'une anse qui permettait de l'accrocher à un clou.

16° La *courtine*, sorte de chaufferette en terre, percée, sur le dessus, de petits trous pour la diffusion de la chaleur, et d'une fente allongée pour introduire la braise. Les paysannes l'employaient pour se chauffer les pieds retirés des sabots. En outre, quand elles avaient un moment de loisir, elles la mettaient sur leurs genoux pendant l'hiver, et étendaient dessus leurs mains pour les dégourdir. Pendant que la douce chaleur les envahissait délicieusement, elles paressaient pendant quelques instants; de là a dû naître la vieille expression : *faire courtine.*

17° Le *passous*, passoire à lait en terre cuite.

18° Le *gohan*, espèce de soupière munie d'une anse en forme d'anse de panier, dont on se servait pour porter la collation chaude aux ouvriers qui travaillaient dans les champs.

19° Les *faitières* à bouton ou à dentelle qu'on mettait sur le *haut des toits* et des *lucarnes.*

20° Les *gaudions* représentant des pigeons perchés au repos [les ailes complètement fermées] ou prêts à s'envoler, ou en train de se poser [les ailes demi-ouvertes (fig. 34)]. Ces gaudions servaient d'épis de faîtage et couronnaient, en général, les toits des mansardes. Le mot *gaudions* vient, peut-être du vieux verbe français « *se gaudir* », parce que, quand les ouvriers avaient achevé de couvrir une maison neuve, on fixait, au toit, l'épi de faîtage, orné de fleurs maintenues par des rubans; c'était le signal de réjouissances auxquelles étaient mêlés les couvreurs. Ces « gaudions » se trouvent surtout sur les toits de pierre des maisons dans tout le haut du département et particulièrement dans la Hague (1). Il y en a, cependant, quelques-uns à Saint-Lô.

21° L'*abaisse*, plat creux, rond ou ovale, qui servait à la cuisson de certains aliments et des légumes en particulier.

22° Le *pot à tripes*, très large, muni d'une ouverture étroite et d'une anse. Ce pot est de construction récente. Il sert à cuire les tripes à la mode de Caen.

(1) Ces pigeons grossiers sont en harmonie : avec le paysage [d'aspect sévère et battu par les vents], avec les maisons [solides et tristes], avec les êtres [puissants et rustres]. Ils contrastent avec les luxueux épis de faîtage de la riche et riante vallée d'Auge.

23° Le *pétunier*, petite bouteille plate qu'on mettait dans la poche et qui servait de tabatière.

24° Les *fontaines de terre cuite vernissée*. Ces fontaines ont été faites vers la fin du XVIII^e siècle et au début du XIX^e. Elles prouvent qu'en dehors des objets d'utilité journalière, les potiers normands du Cotentin ont eu, à une certaine époque, des tendances artistiques qui se sont manifestées dans la confection des « gaudions » (certes beaucoup plus simples et moins beaux que les splendides épis de faîtage fabriqués au Pré d'Auge et dont il est parlé par ailleurs), et dans celle des fontaines (ces dernières, par contre, sont certainement plus harmonieuses de formes, plus délicatement ornées et de coloris plus heureux que les fontaines de terre que l'on rencontre dans la vallée d'Auge).

Pour en revenir aux fontaines de terre du Cotentin, elles sont très rares actuellement, surtout à l'état complet. Presque toutes sont dépourvues de leur cuvette et de leur couvercle et ont une ou deux anses cassées. A Saussemesnil, on en a fabriqué d'un modèle assez particulier, dont deux spécimens illustrent l'article de Jules Hay, dans les numéros du *Bouais-Jean*, du 8 mai et du 8 juin 1898.

Celles que j'ai rencontrées aux environs de Coutances sont de deux modèles, différents des précédents. Proviennent-elles de Vindefontaine, de Saussemesnil ou de Nehou? Je ne puis avoir aucune indication à cet égard. Le premier modèle, le plus commun, dont je possède trois exemplaires (fig. 37) consiste en un récipient ventru, dont le dos est plat. Ce récipient repose sur un pied, ce qui indique que ces fontaines ne s'accrochaient pas, mais se posaient sur une planchette. Elles sont de couleur brune, vernissées et adornées de motifs décoratifs en terre blanche, surappliqués, représentant soit des branchages et des fleurs, soit des macarons quadrillés. Ces fontaines sont pourvues : 1° de deux anses latérales dont chacune est surmontée d'une tête de chien ; 2° d'un couvercle, disproportionné, de par sa taille, d'avec le reste du récipient et représentant une tête d'homme, généralement coiffée d'un chapeau napoléonien. Ces fontaines portent, à leur partie inférieure, un seul robinet de cuivre, au lieu de deux robinets comme les fontaines de cuivre.

Un autre modèle que j'ai trouvé dernièrement (fig. 37), au complet, possède un récipient de la forme ci-dessus décrite et un seul robinet qui s'enfonce au milieu d'un décor surajouté, représentant une sorte de coquille St-Jacques. De couleur brun-marron clair vernissé, elle est tout unie, sans motifs décoratifs de terre blanche. Les deux anses sont surmontées d'une tête de chien. Le couvercle, qui est bien proportionné comme dimension, représente un chien couché, de forme très curieuse, car les chiens de cette espèce ne se rencontrent pas en Normandie [où le chien le plus répandu est le chien courant, à longs poils rudes]. La tête de ce chien, comme celle de ceux qui surmontent les anses des autres fontaines, tient de la tête du roquet et du pékinois. Certaines têtes semblent un mélange de tête de chien roquet et de tête de léopard, comme ceux qui figurent sur les armoiries anglaises. Quant à la cuvette, elle est peu large et très profonde, ressemblant un peu à un creuset bas ; elle est dépourvue de motifs décoratifs.

Telles sont les principales vieilles poteries qui étaient fabriquées dans le Cotentin. Il est navrant que, faute d'avoir su lutter contre la concurrence en modernisant l'outillage, tous les centres de poterie aient été abandonnés (1) et

(1) Pendant la guerre, une poterie s'est réinstallée à Nehou pour fabriquer de la poterie commune destinée à suppléer à l'absence presque totale de

que la poterie que l'on vend actuellement vienne de Noron
(près Bayeux).

Ce qui fait l'intérêt et le charme des vieilles poteries normandes se ressent, mais ne peut guère se décrire et encore
moins se justifier. On peut remarquer cependant que son
coloris, son apparence robuste, pratique et rude, sont en
harmonie avec la *race* (robuste, pratique et dont l'abord est
peu facile), avec le *droguet* des vêtements [étoffe d'un aspect
rugueux et d'une extrême solidité] et celui des couvertures,
avec la *toile de fil* (grossière mais solide) des chemises et des
draps, avec les *cuivres* de Villedieu (élégants et puissants),
avec les *robustes armoires de chêne* (à l'aspect sévère
mais ayant des formes harmonieuses et puissantes, [sans la
lourdeur des meubles alsaciens]), avec l'aspect des *fermes*
(constructions de forme simple, possédant d'épais murs de
pierre grise ou de granit), avec l'*aspect général du pays*
(ambiance de grisaille mélancolique), et enfin avec le *climat*,
âpre et pluvieux. Tout cet ensemble révèle le caractère de la
race normande.

*Les Fontaines de cuivre.*

Ces fontaines sont également un des meubles traditionnels
de la grande salle commune où les paysans prennent leurs
repas. Très exceptionnellement, dans les vieilles familles de
fermiers très aisés, on peut rencontrer des fontaines en faïence
de Rouen monochrome bleu ou polychrome « à la corne »,
ou une des fontaines de grès qui viennent d'être décrites.
En général, on rencontre des fontaines de cuivre. La fontaine,
à proprement parler, est accrochée à une planche de chêne,

pièces de porcelaine vulgaires qui sévissait dans le Cotentin, comme un peu
partout d'ailleurs.

verticalement posée contre un mur et qui est plus ou moins

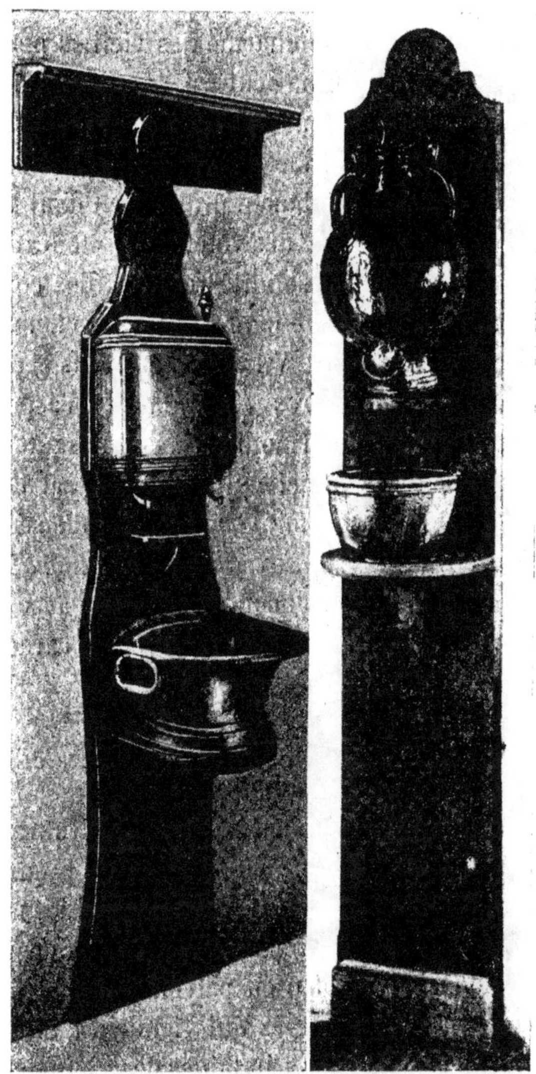

Fig. 37. — Fontaines normandes ;
à gauche : en cuivre rouge ; à droite en terre de Saussemesnil.
(Coll. Stephen Chauvet.)

découpée. Cette fontaine (fig. 38) est munie d'un couvercle

surmonté de deux têtes en cuivre qui servent à le saisir. Il

Fig. 38. — Fontaine en cuivre jaune de Villedieu.

faut, en effet, enlever ce couvercle pour remplir d'eau la fontaine. Le liquide s'écoule par deux petits robinets de cuivre placés à la partie antérieure et inférieure de la fontaine. Il coule dans un vaste bassin de cuivre muni de deux anses, qui est posé sur une planche horizontale, attenant à la planche verticale dont je viens de parler. Ces fontaines qui étaient faites à Villedieu-les-Poëles, sont sobrement décorées. Les plus anciennes, en cuivre jaune, ont le tour du réservoir, de la fontaine et le tour de la cuve, décorés d'un dessin repoussé. D'autres, plus simples et plus communément rencontrées, sont en cuivre rouge, mais ont aussi des bords guillochés. Outre un petit motif décoratif qui court autour du réservoir et du ¡bord et de la base de la cuve, motif qui est obtenu soit par repoussage, soit par ciselure, ces fontaines portent, généralement, sur la face antérieure du réservoir et de la cuve, un ou deux oiseaux grossièrement ciselés ou pointillés.

*La Table et les accessoires.*

La table de ferme se trouve, en général, dans un coin de la grande pièce commune, dans l'angle du mur qui porte la cheminée et de celui, percé des fenêtres (fig. 27), qui donne sur la cour. Cette table, généralement vaste, à cause du nombreux personnel rural, est rectangulaire et formée simplement de deux énormes planches de noyer, mises côte à côte. Le dessus de cette table, épaisse de 10 à 15 centimètres, a acquis, au cours du temps, une patine et un poli fort jolis. Les quatre pieds sont solides et droits, et non sculptés contrairement à ceux des tables de quelques autres provinces. La table, pour les Normands, est un meuble utile, qui doit être résistant et qui n'a pas besoin de fignolages.

Cette simplicité et cette robustesse de la table rurale normande dénoncent bien l'esprit pratique, l'amour du solide et du durable, la prévoyance de l'avenir, qui caractérisent les Normands. Sur cette table se mettait, autrefois, au moment des repas, le couvert qui était composé : 1° des pots d'étain, [à couvercles munis de deux glands de chêne] qui renfermaient le cidre; 2° des guichons en terre cuite; 3° des assiettes d'étain ou de faïence; 4° des cuillères de cuivre (fig. 33) à manches courts et étroits, sur lesquels étaient marqués soit des fleurs de lys, soit des cœurs, soit les initiales du propriétaire, et, parfois, une date. Ces dernières inscriptions sont, le plus souvent, grossièrement ciselées; 5° il n'y avait pas de couteau sur la table. Chaque paysan, au moment du repas, tirait le sien de sa poche. Ces couteaux étaient sans ressorts et consistaient en une lame d'acier montée dans un manche de buis. On en fabrique encore actuellement; 6° des gobelets de terre cuite (godiàs) et plus tard des « moques » de faïence. Depuis plusieurs années, ce couvert a subi des transformations. Les pots d'étain, de plus en plus rares, ont fait place aux bouteilles de terre cuite (sorte de grès) qui ont été décrites antérieurement. Les « moques » sont le plus souvent remplacées, elles aussi, par des verres, et les assiettes d'étain ou de faïence ancienne, par des assiettes de faïence commune ou plutôt de vulgaire porcelaine.

Au-dessus de la table se trouve la planche à pain qui est retenue aux poutrelles du plafond par deux montants de bois. Au-dessus de cette planche se place le pain qui, autrefois, était boulangé, dans chaque ferme, tous les huit ou quinze jours. Ces boules de pain étaient énormes et avaient une croûte de 2 centimètres d'épaisseur environ.

Sur la planche se dispose, également, le gril de bois sur

lequel, enveloppées d'une serviette, se gardent les galettes de sarrazin.

Sous la planche, se trouve soit une baguette de bois échancrée, soit une bande de cuir retenue par des clous de place en place. Dans les interstices, sont retenues les cuillères et les fourchettes. Autour de la table, se trouvent les bancs. Dans les vieilles fermes, on rencontre souvent un banc, muni de dossier, parfois sculpté, qui fait le tour d'une partie de la table. Ce banc entoure le long côté de la table [contre le mur percé de fenêtres] et le haut bout de la table; vers l'intérieur de la pièce, se trouve un simple banc assez large. Dans les fermes où il n'existe pas de banc de coin avec dossier, il y a deux bancs simples, sans dossiers, de

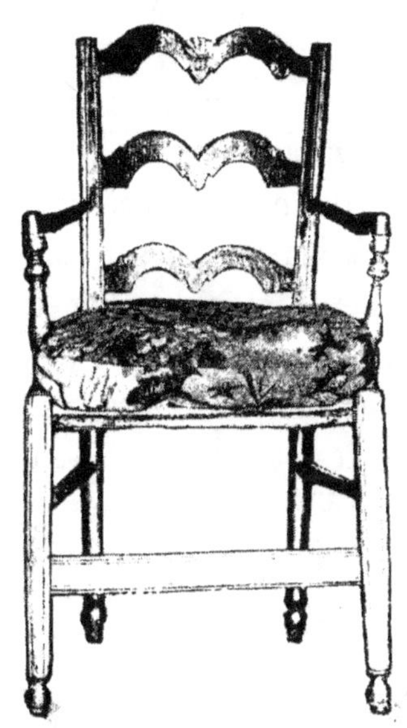

Fig. 39. — Petit auteuil paysan normand.

chaque côté de la table [dans le sens de la longueur] et, du côté du haut bout, contre le mur, un banc avec dossier plein ou ajouré, appelé « bancelle » où s'asseyent le maître et la maîtresse. De cette place, le maître peut embrasser d'un coup d'œil toute la table et voir d'autre part, par la fenêtre, ce qui se passe dans la cour. A leur droite, sur le premier banc, se place le premier valet, ou grand valet, chargé de conduire les chevaux. La servante est à la gauche de la maîtresse. Les autres domestiques et les « journaliers » occupent les autres places.

Si l'on rencontre dans la plupart des fermes de Normandie, un ou deux fauteuils paysans ou des chaises [dont les montants des dossiers se terminent, ou non, par des « picots » et dont le siège est en paille], qui sont placés généralement près de la grande cheminée, non loin du banc d'âtre, il est à remarquer qu'il n'y a pas, dans cette province, de sièges ayant des caractères bien particuliers, comme par exemple, les chaises-escabeaux que l'on rencontre en Alsace-Lorraine et dans toute la région qui avoisine le Haut-Rhin (1). Les fauteuils et les chaises paysans de Normandie ressemblent beaucoup aux fauteuils et chaises paysans des autres provinces du nord de la France. A signaler, cependant, les bras qui sont souvent cintrés et plats sur le dessus, ce qui rend ces sièges confortables, et ce fait, que leurs montants, quand ils ne prolongent pas les pieds de devant, et sont en recul [par rapport au devant du siège], traversent le paillage et viennent s'emboîter dans le premier barreau supérieur latéral. Le dossier est généralement concave.

Pour en terminer avec les meubles de la salle commune,

(1) Dans ces dernières régions, c'est le siège qui est la partie la plus caractéristique du mobilier des paysans. L'armoire spéciale à ces provinces qui est l'armoire de marqueterie, presque sans sculptures, n'existait que dans les familles très aisées, mais pas chez les paysans. Les coffres y étaient également très rares (il en existe, cependant, plusieurs exemplaires au musée de la maison du Corbeau, à Strasbourg) et n'étaient faits que de bois blanc, recouvert de peintures naïves, ressemblant assez à celles qui ornent les petites mallettes anciennes, datant d'un siècle, environ, que l'on rencontre dans la vallée d'Auge. En résumé, dans ces régions, il n'existait pas, communément, d'armoires et de coffres, et ces meubles n'étaient pas sculptés. Le meuble caractéristique de toutes les fermes était la chaise, entièrement en noyer, ayant un siège plein reposant sur quatre pieds évasés et un dossier ajouré. En Normandie, au contraire, il n'existe pas de sièges absolument spéciaux, mais il y avait, par contre, dans toutes les fermes et chaumières une armoire de chêne sculpté, un ou plusieurs coffres de chêne également sculptés, une horloge, un vaisselier et une fontaine.

Il faut signaler que l'on ne rencontre pas en Basse-Normandie de pétrins ayant des caractères spéciaux, comme les pétrins peints d'Alsace-Lorraine ou les beaux pétrins en noyer sculpté de Provence. Le pétrin normand est sans prétention ni recherches. C'est tout simplement une auge en chêne, de forme rectangulaire et évasée, qui repose sur quatre pieds droits. Ce pétrin, d'autre part, ne se trouve guère dans la maison, mais dans la boulangerie qui est un petit bâtiment couvert de chaume et muni d'un four rebondi en argile. Cette boulangerie est généralement à quelque distance de la ferme à cause du danger des flammèches qui sortent de la cheminée pour les couvertures de chaume.


*La Cheminée et ses ustensiles.*


Le feu qui, dès l'époque paléolithique, réunit les premières familles et qui leur permettait d'éloigner les animaux féroces, de se chauffer, de cuire leurs aliments et de s'élever ainsi progressivement, au-dessus des animaux, — le feu qui éclaira les premières manifestations de l'art puisqu'il permit aux hommes des époques aurignaciennes et magdaléniennes, qui vivaient dans des grottes obscures, de sculpter des os, avec des éclats de silex, et de représenter sur les parois de leurs retraites les mammouths, les bisons, les rennes qu'ils chassaient, — le feu qui rendit possible les premiers efforts industriels de l'homme et fit naître successivement la poterie, le bronze, le fer, etc., qui sont autant d'étapes de la civilisation, — le feu qui est à l'origine de tout ce qui gravite autour de l'homme (comme il fut et il est à l'origine de toutes les mutations de la matière) et qui était tellement primordial pour lui, que, par crainte, par admiration, et par reconnaissance les anciens le déifièrent et lui consacrèrent des vestales chargées de veiller sur lui, [comme, aux temps préhistoriques, les femmes des premières tribus devaient, à tour de rôle, l'entretenir], — le feu qui a été la condition indispensable de tous les progrès humains, en science, en industrie, en civilisation, et qui, sous forme de charbon et de pétrole, règle, en ces jours, l'économie du monde, — le feu qui, pendant toute l'évolution humaine fut le symbole de la famille, à telle enseigne que, dans les campagnes, on dit encore qu'un village a « tant de feux », — le feu donc, a gardé, dans ce pays traditionaliste par excellence qu'est la Normandie, toute la valeur utilitaire qu'il avait pour les premiers hommes et aussi toute sa puissance d'attraction et de groupement, et tout son symbolisme naïf... et la cheminée, — qu'il a fait créer, — est demeurée, dans les campagnes heureuses qui ignorent le calorifère destructeur des foyers, le centre d'action et le lieu de réunion de tous les êtres d'une ferme ou d'une masure. L'âtre est, en effet, grâce au feu, l'endroit qui met de la vie dans la pièce commune, car le bois en flambant, chauffe, éclaire, et, par son pétillement, rompt le calme serein des campagnes, au crépuscule. Sous la hotte, la maîtresse cuit les aliments; le paysan, assis sur un banc ou dans un fauteuil rustique, réchauffe, le soir venu, ses membres glacés et mange son « guichon » de soupe; le vieillard tisonne les braises, en rêvant au passé; les femmes, assises en rond et éclairées par un « bégat », causent, filent ou cousent; et les chiens ronflent, béatement. Le foyer, c'est l'endroit où l'on se tient le plus de toutes les pièces de la maison; là se groupent jeunes et vieux, maîtres et domestiques. Aussi la cheminée est-elle indispensable à ces hommes, rêveurs, silencieux et méditatifs que sont les Normands. A chaque race ses habitudes, ses caractéristiques psychiques et, partant, ses maisons, ses costumes, ses meubles et ses coutumes. Les Normands, entreprenants, et tenaces, — et actifs intérieurement, même lorsqu'ils sont silencieux et immobiles, — ne pourraient pas se grouper autour des beaux poêles de faïence que l'on rencontre en Alsace. Pendant leurs silences, à la veillée, il leur faut voir un feu dont les flammes et le bruit entretiennent une certaine animation. Ils ne sont pas faits pour une ambiance lourde de quiétude béate. Et c'est pourquoi la grande cheminée, sous laquelle on peut se réfugier de part et d'autre du feu, se rencontre dans toutes les fermes normandes et même dans les petites masures. Les grandes fermes, elles, possèdent une vaste cheminée dont les piliers de granit, supportent un linteau de même pierre soutenant la hotte. Au linteau est fixée une tablette de bois sur laquelle se trouve, parfois, quand elle n'est pas

Fig. 40. — Bassinoire en cuivre repoussé; la moitié inférieure du manche est en fer torsadé. — Soufflet Louis XV. — Lanterne d'écurie. (Coll. Stephen Chauvet.)

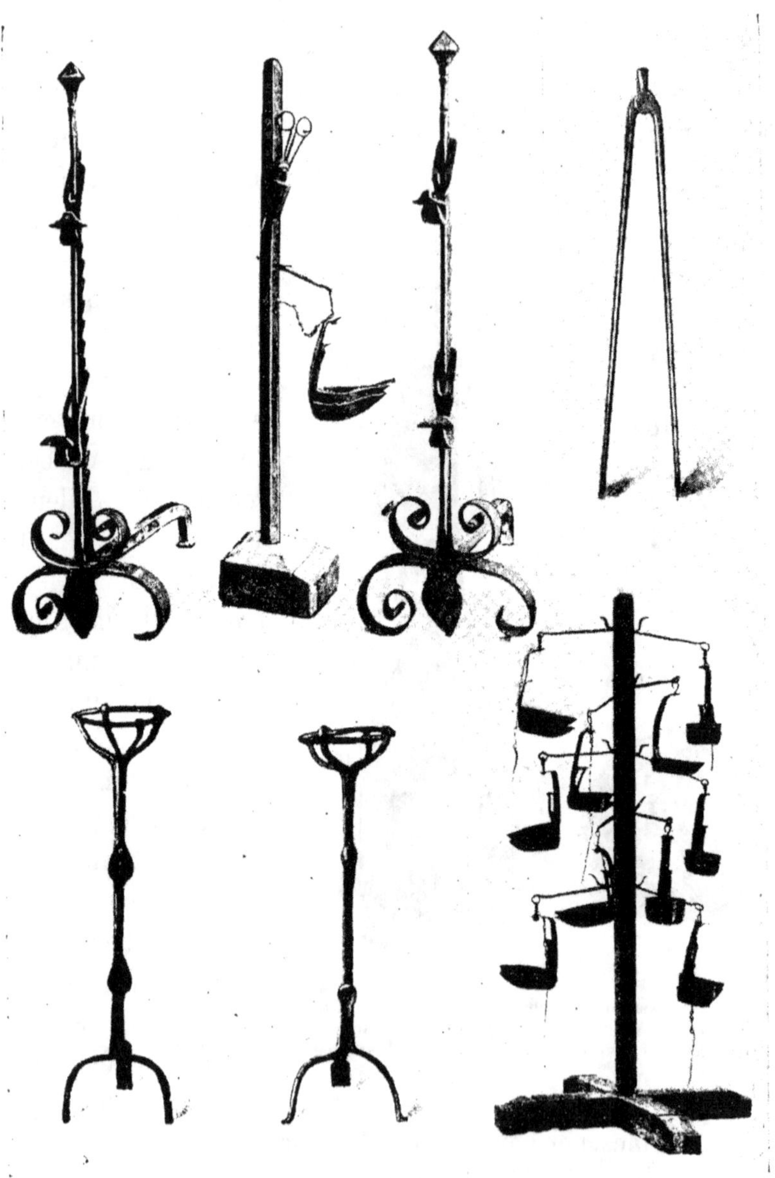

Fig. 41. — De haut en bas et de gauche à droite :

Landiers à crémaillères. Entre eux : bégat portant la mouchette et le grasset. — Pincette en fer forgé (Henri II). — Landiers à corbeille et à porte-broches fixes. — Bégat avec grassets. (Collection Stephen Chauvet.)

accrochée au plafond, la vieille lanterne de voiture ou d'écurie, qui est une lanterne ronde, en fer, munie de trois carreaux de corne. On y trouve aussi, très souvent, au centre de la cheminée un petit crucifix grossier. Les plus vieux ont un Christ en étain. Les Christs jansénistes, qui ont les bras presque verticaux au lieu d'être horizontaux, ne sont pas rares en Basse-Normandie. Sur la planchette, de chaque côté du crucifix, sont placés, souvent, de petits pots d'étain ou des chandeliers de fer ou de cuivre et parfois la mouchette reposant sur son porte-mouchette. Au-dessus de tous ces objets, sur la hotte du manteau, est étendu, retenu par des crochets de bois ou de fer, le vieux fusil à piston muni d'une crosse française quelque peu sculptée, et les pistolets à piston, généralement à un coup, que les paysans emportaient en plus du « pied de frêne », lorsqu'ils devaient rentrer tardivement d'une foire et traverser des landes désertes.

Sous le manteau de la cheminée, sont accrochés les grassets ou « crassets », vieilles lampes à huile en fer forgé, dont l'origine remonte dans la nuit des temps, et qui ressemblent aux lampes romaines. Ils sont constitués par deux godets. Le supérieur est rempli d'huile et, dans son bec, est couchée la mèche de coton qui trempe dans cette huile. L'huile qui dégoutte de la mèche est recueillie par le second récipient placé en dessous du premier. Ces lampes, qui sont encore utilisées dans les pauvres chaumières, donnent une petite lumière douce et falote qui permet bien difficilement de lire, mais qui est suffisante pour se guider dans la pièce et pour surveiller l'âtre. Lorsqu'on voulait utiliser le *crasset* au milieu de la pièce, on le montait sur une sorte de potence en bois appelée « bégat ». La tige verticale du bégat portait une série de trous dans lesquels on introduisait la tige supérieure du grasset. Un clou placé à la partie supérieure du bégat servait à accrocher la « mouchette » destinée à couper la mèche de coton du grasset ou de la chandelle. Le crasset porte d'ailleurs, à l'extrémité d'une petite chaîne de fer, de petits bouts de fil de fer, en forme de pincettes qui pouvaient aussi servir à « émoucher » et qui étaient utilisés, en outre, pour faire avancer la mèche (fig. 41).

L'*âtre*, pavé de larges pierres plates de granit, est généralement surélevé par rapport à l'*aire* de terre battue de la grande salle commune. Contre le mur de la cheminée, se trouve une *plaque* de foyer, en fonte, plus ou moins ouvragée et plus ou moins ancienne. Au-dessus de cette plaque, pend la crémaillère à laquelle on accroche les chaudrons (1), destinés à préparer la soupe ou à faire bouillir de l'eau. Dans les manoirs et dans quelques fermes très importantes, munies d'une vaste cheminée, l'unique crémaillère est parfois remplacée par une crémaillère à trois branches qui permet de faire chauffer trois chaudrons à la fois sur une vaste flambée. Quand on voulait faire chauffer au-dessus du feu de bois un récipient, tel qu'une casserole, qui n'était pas muni d'une anse, on accrochait à la crémaillère une pièce spéciale dite *servante,* sur laquelle on posait le récipient. Les bûches de bois reposent soit sur des petits chenêts de fer forgé, soit sur des chenêts à haute tige verticale qui s'appellent des *landiers.* Il en existe de plusieurs modèles. Les uns (fig. 41) sont composés

---

(1) Aux siècles passés, avant l'invention du cirage, les paysans normands, après avoir nettoyé soigneusement leurs souliers de cuir noir, les noircissaient, les Dimanches et jours fériés, avec un chiffon, imbibé d'huile de crasset, qu'ils avaient passé sur le « cul » de la marmite afin d'en détacher le noir de fumée (*talbot*).

d'une haute tige verticale, terminée par un bouton; cette tige porte des échancrures qui permettent d'élever plus ou moins des crochets mobiles, généralement au nombre de deux par landier; sur ces crochets ou crampons on posait, horizontalement, une longue broche qui traversait la pièce de viande ou la volaille que l'on faisait cuire devant le feu. Lorsqu'elle ne servait pas, cette longue broche était pendue à un clou, à l'intérieur de la cheminée. D'autres landiers,

Fig. 42. — A gauche    porte-chandelle; à droite : abots vus de profil et par en dessous.

de même forme, ont des crochets fixes. D'autres, enfin, munis aussi de crochets fixes, généralement un peu ciselés (en forme de têtes humaines ou de feuilles), portent à leur extrémité supérieure une sorte de corbeille de fer forgé (fig. 41). Dans cette corbeille, on posait les casseroles que l'on voulait tenir au chaud. On y plaçait également l'écuelle d'étain à oreilles, dans laquelle on maintenait, au chaud, la *rôtie* que l'on portait à la mariée, le lendemain matin des noces. Les murs de la cheminée portent des clous auxquels sont accrochés divers objets et ustensiles : la *boite à sel,* qui doit rester sous la cheminée pour que le sel demeure bien sec; le *trépied* de fer forgé sur lequel on pose les chaudrons

et les casseroles; le vieux *soufflet* à long bout en cuivre ciselé; les vieilles *pincettes* de fer forgé (fig. 41); la *galetoire*
ou *écoche*, pelle plate qui sert à retourner les galettes dans
la poêle; la *tuile plate* qui sert à cuire les galettes sur le
feu de bois; les *coulots* de cuivre (passoires) destinés à
passer le lait que l'on vient de traire; les *petits bassins
emmanchés*, si particuliers, dont le long manche est muni
d'un petit pied de fer forgé et qui servent à préparer,
sur la braise, la bouillie des petits enfants; la *bassinoire*
de fer battu ou de cuivre jaune ou rouge (fig. 40) qui
permet de réchauffer le lit; les vieilles serrures dites *abots*
qui servaient à empâturer les bestiaux (fig. 42) et qu'on
mettait dans la cheminée pour les empêcher de rouiller.
Dans un coin de l'âtre, se trouve soit un pot de grès,
soit un trou (*founette*) dans lequel on met, avant de partir
aux champs, quelques morceaux de braise bien incandes-
cente au milieu d'un monceau de cendre chaude. Au retour,
on emploie cette braise pour allumer le feu destiné à préparer le repas du soir. Un peu de petit bois sec et quelques
coups de soufflet suffisent pour obtenir de suite une belle
flambée. Dans l'autre coin de l'âtre, on aperçoit souvent
un siège (petit banc ou fauteuil) sous lequel est placée une
vieille *chaufferette* de bois, ou une *courtine* en poterie.
La journée finie, lassé par son labeur, le vieux paysan
s'assied sur ce siège, pour fumer sa pipe au tuyau très
court, en regardant flamber le beau feu de bois et en son-
geant aux travaux prochains. Quand la fermière prend sa
place, elle quitte ses sabots de bois de hêtre, afin de réchauffer, elle aussi, ses pieds sur la chaufferette. A côté de
l'âtre, dans le « bûcher » (sorte de loge en planches), se
trouve le bois qui sert à alimenter le feu. Près de lui, se
dresse le *billot*, constitué par un bout de tronc d'arbre, sur

lequel on coupe, à coups de serpe, les branches du fagot qui sèche dans le bûcher. Accrochés au mur, on aperçoit le *bâton* normand (de frêne ou de bois d'épines) muni d'une lanière, qui sert au fermier à chasser les bestiaux, et le *jouquet* (fig. 43) qui permet à la servante de porter les seaux de nourriture aux bestiaux qui sont dans les étables ou de rapporter le lait qu'elle a été traire dans les prés. Pour terminer, ajoutons que, chez les fermiers aisés, il n'est pas rare de voir, en se penchant sous le manteau de la cheminée, un ou deux jambons qui, après un séjour au saloir, ont été mis là pour y être enfumés.

Fig. 43. — Normande coiffée d'un bonnet tuyauté contemporain, descendant une « chasse » bordée de hêtres et portant des seaux pleins de lait à l'aide du *jouquet*.

Dans les chaumières, la grande cheminée de granit des fermes importantes ou des manoirs est remplacée par une cheminée de bois. Au bord inférieur de la planche du manteau, est cloué un « frontiau » plissé, en étoffe ou en toile imprimée, qui sert à diriger la fumée. Dans ces chaumières, la pièce commune renferme, outre les divers meubles précédemment décrits, le lit de chêne, fort simple, muni de montants auxquels sont attachés les rideaux de toile ou de cretonne imprimée.

Avant d'en terminer avec cette étude, de l'intérieur normand, il est nécessaire de dire encore quelques mots des « cannes » de cuivre et de la vaisselle d'étain.

Les *cannes de cuivre* servaient et servent encore à transporter le lait provenant de la traite des vaches situées dans les prés, souvent assez éloignés de la ferme. Quand elles

Fig. 44. — Cannes de cuivre : à anse supérieure (collect. Léon Gosset) : à anse latérale (forme plus commune).

n'avaient qu'une canne à transporter, les servantes de fermes les portaient, autrefois, aux environs de Coutances, d'une façon très particulière (fig. 44). La canne reposait, obliquement, sur une épaule et était maintenue par une lanière de cuir tenue par la main du côté opposé. Quand il y avait plusieurs cannes à porter, celles-ci étaient mises dans des casiers de bois, de part et d'autre de la selle d'un petit âne. La laitière, pour rentrer à la ferme, grimpait agilement sur tout l'édifice.

Il existait et il existe encore de grandes et de petites cannes, contenant, respectivement, 20 et 10 litres. Comme les autres pièces de cuivre, ces cannes étaient et sont encore fabriquées à Villedieu-les-Poëles. Pour ce qui est de la forme, il en existe de deux sortes. Les plus répandues ont une anse sur le côté. Les plus rares ont une anse de cuivre sur le dessus de l'ouverture (et un peu sur le côté, pour permettre le transvidage).

Arrivé à la ferme, le lait est versé dans de larges vases de terre (*sérènes*). L'écrémage se faisait autrefois à la cuillère ou à l'écumoire. Le beurre, enfin, était fait, dans une baratte

Fig. 45. — Motif de sculpture de la cathédrale de Saint-Lô, montrant un manant médiéval se servant d'un pot d'étain, ce qui prouve l'ancienneté de cet objet.

verticale (fig. 47). Les fermiers ayant, actuellement, beaucoup plus de vaches qu'autrefois, et par conséquent, plus de lait et de crème à traiter, ces ustensiles ont été abandonnés pour l'écrémeuse et la baratte ronde.

*Vaisselle d'étain.* — La vaisselle d'étain a été très répandue en Normandie. Jusqu'au siècle dernier, elle constituait encore « l'argenterie » des riches fermiers, de la bour-

geoisie et des riches familles normandes. On en coulait dans
diverses localités, mais principalement à Sourdeval (près
Mortain) et à Alençon, qui étaient des centres importants de
fabrication. Actuellement, malgré les rafles opérées dans les
ventes et à domicile par les antiquaires, de nombreuses
fermières possèdent encore des services d'assiettes d'étain,
des grands plats d'étain, creux et plats, des pichets d'étain
(d'un pot : deux litres; et d'un litre); des fourchettes d'étain;
de grandes cuillères d'étain et parfois des écuelles d'étain,
munies d'oreilles dites *écuelles de la mariée* (1). Les grands
plats d'étain sont, en général, fort simples (fig. 46, n° 2). Les
assiettes, par contre, sont de deux modèles : les unes
(fig. 46, n° 1), fort simples, ont un bord tout rond, sans échancrures. D'autres, au contraire, sont de forme gracieuse et
comportent non seulement des sortes de moulures, mais
encore des bords régulièrement échancrés à la manière
des assiettes de vieille faïence. Les plus *anciens pichets*
sont très ventrus et ont un long col (fig. 46, n° 3). Le couvercle
bascule sur l'anse, grâce à deux glands de chêne en étain.
Les *pichets d'étain moins anciens* ont une forme sensi-
blement différente. Le col est moins long; le ventre, moins
proéminent, commence plus haut que celui des précédents.
Les grandes cuillères d'étain et les louches ne présentent
rien de bien particulier. Encore que l'on rencontre quelques cuillères à café en étain, les *cuillères* à manger la
soupe, par contre, étaient toujours en cuivre étamé, l'étain

(1) Le mobilier des églises et des confréries funéraires de Normandie, renferme encore de nombreux vases sacrés en étain : bassins, plats à quête,
bassins pour les cierges, salières, assiettes, pots, voire même calices (en
1636, la charité de Bourg-Achard avait fait l'acquisition d'un calice d'étain
pour 33 sols). Toutes ces pièces ont été fabriquées par les estayniers jusqu'au xvi<sup>e</sup> siècle; à cette époque, l'argenterie a commencé à se répandre dans
les églises riches.

n'étant pas assez résistant pour un ustensile qui servait quotidiennement et qui, même en cuivre, s'usait assez rapidement en frottant sur les parois grenues des guichons (fig. 33). Les *écuelles à oreilles* en étain, dites *de la mariée* (fig. 46), étaient offertes en cadeau de noces aux jeunes époux. Elles servaient à offrir à la mariée, le lendemain matin des noces, les rôties (1) que l'on avait tenues au chaud en mettant l'écuelle dans la corbeille d'un des landiers, devant le feu de bois qui pétillait dans l'âtre.

Au simple aspect, on s'aperçoit très rapidement, en examinant des pièces de vaisselle d'étain, qu'en dehors de la forme et du fini de la confection, il y a des différences considérables dans la qualité de l'étain. Les beaux étains sont blanc grisaille et rendent un son métallique assez clair et tintant. Ces étains sont frappés d'une marque qui consiste généralement en un emblème à côté duquel, se trouve, soit deux initiales (à raison d'une à droite et à gauche de l'emblème), soit deux fois les deux mêmes initiales, à raison de deux initiales de part et d'autre de l'emblème. Un nom tout entier, grossièrement frappé, se trouve parfois au-dessous ou tout autour de l'emblème. C'est celui de l'estaymier. On remarque parfois aussi, sur certaines pièces d'étain, un nom écrit au couteau : c'est alors celui de la personne à qui la pièce appartenait. D'autres étains, moins fins comme grain, moins blancs et moins brillants et rendant un son moins métallique, sont également munis d'une marque· D'autres enfin, à la fois grossiers comme forme et comme fini, sont de couleur gris bleuté foncé, de grain un peu rugueux et rendent un son mat; ces pièces, qui sont dépourvues de marque, sont des étains qui ont été fabriqués par

(1) Pain grillé trempé dans du cidre chaud et sucré.

Fig. 46. — Vieux étains normands (collection Stephen Chauvet. De haut en
bas et de gauche à droite :

1° assiettes à bords échancrés et assiettes rondes simples; au centre ; très
belle écuelle « à la mariée », ciselée et portant un dauphin.
2° deux grands plats ronds en étain, dits de *compagnie*.
3° Pots d'étain; le plus ancien est le 3° : on fabriqua ensuite le modèle n° 1, puis
le n° 2, et enfin le n° 4.

les « estaymiers », contrairement aux statuts qui régis-
saient leur corporation, en « pottain », c'est-à-dire avec un
mélange, par parties égales, d'étain et de plomb; en conséquence, ces étains n'ont été ni contrôlés, ni marqués. Ces
étains dits « de claire estoffe » ou de « mauvaise loy », étaient
vendus, en fraude, aux XIV$^e$, XV$^e$, XVI$^e$ et XVII$^e$ siècles, à la sortie
des églises et dans les foires. La fraude était généralement
double, en ce sens que les « estaymiers » qui les vendaient,
tout d'abord n'avaient pas employé, pour leur fabrication, l'alliage stipulé par les statuts de la corporation et, en outre, trom-
paient le public des chalands sur le poids de ces pièces, en se
servant de balances fausses (1). C'est précisément pour éviter
ces abus que les potiers d'étain normands qui étaient assujet-
tis, depuis la fin du XIII$^e$ siècle aux statuts d'Étienne Boileau
(lesquels décrivaient, outre les marques des potiers d'étain,
les poinçons des maîtres orfèvres), reçurent de nouveaux
statuts qui furent promulgués à Rouen, en 1618. Ces statuts
supprimèrent le « pottain » et stipulèrent que les estaymiers
seraient obligés d'apposer une marque particulière sur tous
leurs ouvrages. Cette marque qui, pour un même potier,
variait quelque peu, suivant qu'elle était apposée sur de
l'étain fin ou de l'étain commun, constituait un moyen de
contrôle pour le garde-juré de la corporation et une garantie
pour l'acheteur. Les marques de tous les maîtres estaymiers
d'une ville étaient reproduites sur la table d'étain [fondue
au titre fixé par les statuts de Rouen] qui était déposée au
greffe. Les marques étaient apposées sur cette table, par les
maîtres estaymiers dans l'ordre de leur réception à la maîtrise, après qu'ils eussent fait le chef-d'œuvre exigé. En
décembre 1670, de nouvelles prescriptions furent promul-

_________

(1) Car les pièces d'étain s'achetaient au poids.

guées à Rouen, à la suite d'abus qui s'étaient passés en diverses villes, particulièrement à Alençon, qui comptait, à cette époque, sept maîtres estaymiers. Selon ces prescriptions, on fondit, en cette dernière ville, le 10 décembre, « vingt livres d'estain pur et quatre livres et demie de plomb » qui fixèrent le titre de l'estain commun et servirent à la fabrication de la nouvelle table déposée au greffe. A cette occasion, les anciennes marques furent supprimées et remplacées par de nouvelles. En voici quelques-unes (1) :

1° François Hébert : « un lac d'amour couronné, à costé duquel est F. et H. pour l'estain commun; un oiseau couronné à costé duquel est F.-H., pour l'estain fin ».

2° Patrice Sohier : « aigle aux ailes déployées et P. S. pour estain commun; un marteau couronné et P. S. pour estain fin ».

3° Paul Hébert, fils de François : « marteau couronné à costé duquel est P. H. pour estain fin; agneau pascal, au-dessous duquel est P. H. » pour estain commun ».

4° Jacques Hébert : « marteau couronné, à costé duquel est J. et H. pour estain commun; et pour l'estain fin, un picheret ».

5° Gaspard Marchand : « marteau couronné à costé duquel est G. M., estain commun; navire autour duquel est escript : Marchand à Alençon, d'estain fin », etc...

En raison d'abus, un nouvel édit de 1691 ordonne la création d'essayeurs, de contrôleurs et de marqueurs d'étain. C'est qu'en effet certains gardes-jurés de la corporation des estaymiers avaient parfois fermé les yeux sur les abus de certains potiers d'étain qu'ils auraient dû surveiller. Il en était résulté un relâchement qui, à diverses reprises,

_________

(1) Etaimiers, plombiers : *Archives de l'Orne*, années 1647-1673.

avait amené des incidents. Certains de ceux-ci sont rapportés dans le travail de L. Boutry sur « Estain et Estaymiers Normands au xviiᵉ siècle ». Encore que nos aïeux aient eu à souffrir de ces fraudes, il nous faut presque nous en réjouir, car elles nous permettent de connaître le nom, la vie et les usages des potiers d'étain. Donc, en 1670, il existait, à Alençon (1), sept maîtres estaymiers qui ne se gênaient pas pour fabriquer de l'estain frauduleux … sous l'œil complaisant du garde-juré, Charles Houssemaine, qui en faisait autant. Cette situation eût pu se prolonger si des rivalités ne s'étaient élevées entre celui-ci et un nouveau maître de la corporation, le sieur Gaspard Marchand. Ce dernier ayant remarqué que de la vaisselle d'étain de « mauvaise loy » et, en conséquence non marquée, était vendue en la paroisse de la Roche (canton d'Alençon) interjette « clameur de haro » contre les estaymiers fraudeurs. La supplique ayant été accueillie, le greffe reçoit, pour être examinée, de la « vesselle saisie sur Charles Houssemaine ». On y trouve « onze tiers de pots qui sont entièrement parfaits (terminés) et qui, néanmoins, ne sont point marquez; dix demions aussi parfaits et non marquez; seize pots de chambre; deux gobelets; quatre grands bassins; trois saussiers, sept escuelles à oreilles; deux pieds de flambeaux d'estain fin dépourvus de leurs branches; enfin seize autres escuelles à oreilles de moules différents, le tout non marqué quoique parfait ».

Pour éviter le retour de ces abus, le Procureur du Roy, prescrit, le 5 novembre 1670, que la table trouvée dans le

----

(1) J'expose brièvement, ces documents concernent les estaymiers d'Alençon, encore que cette ville ne fasse pas partie du cadre de cette étude, parce qu'il est évident que ce qui se passait à Alençon, existait aussi dans le Bas-Cotentin.

greffe et sur laquelle les maîtres avaient apposé leurs marques, serait déclarée fausse et qu'on en fondrait une nouvelle, conforme au point du barreau envoyé de Rouen, sur laquelle lesdits maîtres estaymiers seraient « obligés de mettre leurs marques, suivant l'ordre de réception, tant d'estain fin que de commun ». C'est alors que furent apposées les marques dont plusieurs exemplaires ont été décrits ci-dessus. On était en droit d'attendre que, désormais, les potiers feraient de la « bonne et loiale fabrication ». Il n'en fut pas ainsi puisque, le 22 mai 1671, Gaspard Marchand ayant obtenu les fonctions de garde-juré, fut obligé de sévir. Il attaque, tout d'abord, les maîtres les plus anciens, Charles Houssemaine et François Hébert, admis à la maîtrise l'un en 1651, l'autre en 1668, et qui avaient, en conséquence, reçu alors « permission d'avoir boutique ouverte, compagnons et apprentis et de travailler comme les maîtres du métier, à la charge de souffrir les visites ordinaires et accoutumées ». François Hébert est convaincu « d'avoir fabriqué de la vesselle de neuz de vitres et soudures, de l'avoir faite débiter à des inventaires de meubles, d'avoir fait association et monopolle avec Renée Ferreur et Houssemaine, pour vendre aux foires de Corrouges et autres de la vesselle de claire estoffe de mauvaise loy, marquée de fausses marques, d'avoir vendu de la vesselle à faux pois (1), tant auxdites foires qu'en sa boutique et d'avoir caché de la vesselle lors que ledit Marchand faisait la visite dans les boutiques desd. mestres dud. mestier d'estaymier... »

En conséquence, ils sont condamnés « à savoir : ledit

(1) La vaisselle d'étain s'achetait au poids. Les chroniques apprennent qu'à la foire de Guibray (près Falaise) qui était, au moins, la deuxième foire de France, M^{me} la comtesse de Sauzay avait acheté : « 100 livres de vesselle d'estaing ».

François Hébert à 600 livres d'amende et 200 livres d'aumosne; ladite Renée Ferreur à 400 livres d'amende et 150 livres d'aumosne; ledit Charles Houssemaine, à 300 livres d'amende et 100 livres d'aumosne. Lesdites amendes appliquées savoir : 1/3 *au Roy;* 1/3 pour avoir une *tapisserie et des sièges dans la chambre du conseil* et pour réparation de la chambre d'audience; l'autre tiers audit Marchand dénonciateur »; les aumônes étaient affectées à l'hôpital, aux Pères Jésuites, aux Pères Capucins et aux filles Ste-Claire. Enfin, « inhibitions et défenses étaient faites de commettre à l'avenir tel abus et malversations en leur mestier à peine de punition corporelle ».

Par la suite, les condamnés récidivèrent et furent encore pincés, tantôt vendant la nuit, en cachette, « de la vesselle de mauvaise loy », tantôt offrant au peuple, à la sortie de la grand'messe, proche la chapelle St-Gilles, un dimanche matin, des pièces d'étain de claire estoffe installées « sur un seul estal long de 9 à 10 pieds sur trois de large... ». Ce fut l'objet d'une nouvelle saisie opérée par Gaspard Marchand, lequel fut injurié et frappé, et un nouveau procès s'ensuivit.

Il est inutile de relater ces nouveaux faits. Ceux qui précèdent suffisent pour se faire une idée des us et coutumes de la corporation des estaymiers, pour comprendre pourquoi l'on rencontre, de nos jours, des pièces d'étain si différentes les unes des autres comme fini, couleur et son, et pourquoi les pièces les plus communes sont dépourvues de marques. Ces faits permettent aussi de constater que l'âme humaine n'a pas changé et que la fraude existait aussi bien aux temps charmants de nos ancêtres que de nos jours.

*La Nourriture des Normands.*

Il y a deux et trois siècles, les paysans normands se nourrissaient surtout de légumes, d'œufs, de laitages et de beurre. Ils ne mangeaient que bien rarement de la viande. Quand ils tuaient un porc, ils en vendaient les bons morceaux et se réservaient les tripes, le cœur et la courraie (poumons) dont ils faisaient une soupe spéciale que l'on prépare encore, actuellement, selon certains rites. Ils fabriquaient enfin des andouilles, qu'ils mettaient à fumer dans l'âtre et se réservaient, parfois, un jambon. Ils faisaient, aussi, grand usage de bouillies de diverses céréales : avoine, orge, seigle, sarrasin, etc... Cette dernière était si répandue qu'on appelait, par ironie, les paysans de chez nous « les Normands bouilleux ». Les bouillies se préparaient

Fig. 47. — Normande [portant le bonnet tuyauté contemporain, orné d'un ruban] faisant le beurre avec la vieille baratte verticale.

dans des casseroles de cuivre, spéciales, munies d'un long manche de fer et d'un petit pied, simple ou bifurqué, qui permettait à ce manche de s'appuyer sur l'âtre. La bouillie était sans cesse remuée, pendant la cuisson, avec une cuillère de bois (mouvette). Quand la préparation était terminée, on donnait la mouvette à lécher à un des enfants. Cet usage a créé le dicton populaire que les Normands appliquent à quiconque embrasse une femme un peu longuement.

« Y la reliche comme une mouvette à bouillie ».

Actuellement l'alimentation des Normands est toute différente. Ils mangent plus de viande qu'au temps passé. Cependant ils sont encore très loin de l'alimentation par trop carnée, des citadins. Ils ne mangent guère, en effet, de la viande fraîche que le dimanche à midi ou le lundi. Sous semaine, ils n'utilisent que la viande de porc salée et encore en petite quantité. Voici le schema général de leur diététique :

Dès le réveil, les Normands mangent un « guichon » de soupe à la graisse. Cette soupe paysanne délicieuse, est faite avec des pommes de terre et les légumes verts de la saison [choux, poireaux, haricots « mange-tout » normands (ou « pois de mai »), etc.]. Elle tire son parfum de la fameuse graisse normande préparée une fois par an et dont on ajoute une certaine quantité dans le chaudron où bout la soupe. Au moment de la verser dans les guichons, la maîtresse met dans chacun de ceux-ci, un certain nombre de languettes de pain. La soupe normande représente ainsi un aliment complet aux parfums délicieux.

La soupe est prise entre 6 et 7 heures du matin, selon la saison. A 9 h. 30, a lieu la « collation ». Les paysans mangent, à ce repas, soit un reste d'un repas de la veille, soit des légumes à la crème, un peu de lard, du pain et du beurre. Le tout est arrosé soit de pur jus (c'est-à-dire de cidre obtenu par écrasement des pommes, sans addition d'eau), soit, chez les fermiers moins aisés, ou quand la dernière récolte de pommes n'a pas été bonne et qu'il faut

vivre sur les réserves de l'année précédente, de cidre dit
« mitoyen », c'est-à-dire coupé d'eau dans une certaine proportion. A 1 heure de l'après-midi, a lieu le déjeuner composé d'un plat de viande ou de poisson, d'un plat de légumes
et de galettes de sarrasin, beurrées ou non. Autrefois,
ce repas était arrosé de cidre uniquement. Depuis quelques
années, malheureusement, ce repas se termine par une tasse
de café additionné d'eau-de-vie de cidre. Vers 4 heures de
l'après-midi, quand ils ne font pas de travaux par trop fati-
gants, les paysans se reposent pendant une demi-heure
et ne boivent que du cidre, emporté dans les pièces où ils
travaillent à l'aide des cruchons de grès précédemment
décrits. Quand le labeur est pénible, pendant « les foins » ou
les moissons, ils font, en outre, un goûter soit avec des tar-
tines de pain beurré, soit avec une omelette et du pain.

A 7 ou 8 heures du soir, rentrés à la ferme, les fermiers
et les ouvriers mangent une « guichonnée » de soupe
normande. Un grand guichon d'adulte contient environ
quatre à cinq assiettes de soupe. Puis ils boivent un peu de
cidre et vont se coucher.

Le vendredi et parfois le lundi, jour de marché à Coutances, le repas du midi comporte du poisson. Quatre espèces
de poissons ont la prédilection des Normands : le hà, ou
grosse anguille de mer; le chien de mer; la morue salée et le
flétan (sorte de morue salée et fumée).

Le dimanche ou les jours de fête, ils mangent, au repas
du midi, soit du bœuf bouilli, soit du veau rôti ou quelquefois. maintenant, de la volaille.

Enfin, le jour où l'on fait le pain, comme ce pain demande
un certain temps pour être cuit, le fermier prend un peu de
la pâte à pain, l'améliore [« l'amende »] parfois avec des œufs
et du lait, et en fait une galette plate qu'il met à cuire à

l'entrée du four lorsque tous les pains ont été enfournés. C'est ce qu'on appelle « la gâche ». Cette gâche est rapidement cuite, si bien que le fermier qui, dès le matin s'est mis à boulanger, peut en offrir, toute chaude, à la collation. Elle est mangée, en guise de pain, telle quelle, ou enduite de bon beurre frais.

Après ces généralités sur la nourriture des Normands, il est indispensable de dire quelques mots tout d'abord, de quelques préparations culinaires spéciales à la Normandie, puis de décrire très brièvement la *préparation de la graisse normande;* la *récolte du sarrasin* (dont la farine sert à la confection de la traditionnelle galette); la *fabrication du cidre* et de *l'eau-de-vie de cidre.*

1° *Quelques spécialités culinaires.* Dans certaines régions, surtout le long de la côte, le poisson, au lieu d'être cuit dans l'eau, est cuit dans du cidre et mangé avec du pain beurré.

De même le jambon salé et fumé, une fois découpé en tranches, est très souvent cuit dans du cidre, puis rissolé dans la poêle.

2° *La graisse normande.* La graisse normande s'obtient de la façon suivante. On prend de la graisse de bœuf d'excellente qualité et on la met dans un vaste chaudron au-dessus d'un feu doux, car la graisse ne doit ni brûler, ni noircir. On y ajoute toutes sortes de légumes : pommes de terre, navets, carottes, choux, haricots, laurier, thym, serpollet, etc... Pendant trois jours, cette graisse bout sans arrêt, à feu doux. Pendant ce temps, on la brasse sans cesse. Lorsqu'elle est bien cuite, on la passe dans des pots de grès et, toujours en remuant, on y ajoute du sel, du poivre et des épices. Chez les fermiers aisés, on ajoute, pendant la cuisson de la graisse, un morceau de bœuf et un poulet.

On comprend aisément que cette graisse contienne, outre la graisse elle-même, le goût et le parfum de tout ce qui a été mis dedans, et qu'un peu de cette graisse puisse parfumer délicieusement la soupe dans laquelle on la met. Bien

Fig. 18. — Batterie de sarrasin en plein air, au milieu de la pièce, sur une toile batteresse (cliché : Ch. Chauvet).

avant les extraits concentrés de potages que la chimie moderne a créés, les Normands avaient donc, par empirisme, trouvé le moyen d'en fabriquer et d'utiliser le pouvoir fixateur qu'ont les substances grasses pour les arômes.

3° *Le sarrasin*. Le sarrasin est, surtout dans le bas du Cotentin, cultivé dans toutes les fermes, car sa farine sert à faire le mets traditionnel des Normands : la galette de sarrasin. Celle-ci se mange, toute chaude, recouverte ou non de beurre frais, au lieu et place de pain, au repas de midi. Le sarrasin fleurit vers la mi-juillet. Ses fleurs blanches ont une odeur agréable. Butinées par les abeilles, ces fleurs confèrent au miel de Normandie une couleur brunâtre et une odeur exquise, rappelant un peu celle du pain d'épices. On commence à faucher le sarrasin au début de septembre. Après fauchage, les tiges du sarrasin sont mises en « binots », ou « gavelots », c'est-à-dire en petits cônes reposant sur le sol, ce qui leur permet de sécher. Au bout de quinze jours, le sarrasin est sec. On le bat alors aux fléaux, dans la pièce même où il a été fauché, sur une grande bâche spéciale, dite « toile batteresse », étendue sur le sol. Pour amener les binots ou buhots des quatre coins du champ jusqu'à la toile batteresse, on se sert parfois des traînes à bois. Pour terminer rapidement ce battage, afin de n'être pas surpris par le mauvais temps, le fermier fait appel à ses ouvriers et aux fermiers voisins. Lorsque ceux-ci, à leur tour, battront leur sarrasin, il ira les aider, car il est de coutume de « s'entr'aider » par les corvées. Munis de leurs fléaux (qui s'appellent : *fiais* dans le nord et *siais* dans le sud de l'arrondissement de Coutances), les Normands font résonner le sol de leurs coups cadencés. Dans chaque ferme, le soir du jour où ont été battus les derniers sarrasins, le fermier offre à ses amis et ouvriers un repas copieux et surtout de nombreuses « moques de bon bère », ainsi que du café et de l'eau-de-vie de cidre. Cette petite fête champêtre (qui a lieu également pour les foins, les blés, etc...) s'appelle : faire les « persils » du sarrasin. Les derniers sarrasins (ceux qui ont été semés le plus tardivement) doivent être « finis de battre » pour la foire de Gavray, le 18 septembre. « Les batt'ries de s'rasin » ont fait l'objet d'une délicieuse poésie de Ch. Leboulanger.

4° *Le cidre*. Le cidre est devenu la boisson traditionnelle des Normands à partir du xv⁰ siècle environ. Auparavant les paysans buvaient de « la cervoise » qui était faite avec de l'orge et de l'avoine ou du blé. Le cidre que l'on peut boire à Paris et même dans les hôtels et restaurants des villes de Normandie, ne peut donner aucune idée de ce qu'est le véritable cidre que boivent les paysans. Le cidre des villes est, en effet, l'objet de multiples modifications (mélange de cidres de crus différents, sucrage artificiel, coupage, coloration artificielle avec des colorants chimiques ou du jus de carotte, etc...) qui en font une boisson d'un goût médiocre qui n'a rien de commun avec le délicieux cidre des campagnes. Celui que l'on peut boire dans les fermes est un cidre non truqué et représentant un seul cru, celui du territoire occupé par la ferme. Le terrain sur lequel poussent les pommiers ainsi que les espèces de pommiers, jouent, comme pour le vin, un rôle considérable dans la qualité du cidre. Il y a des crus de cidre aussi différents les uns des autres que les crus de vin (1). Le cidre de la vallée

(1) Le journal du Sire de Gouberville (xvi⁰ siècle) signale qu'à cette époque, on attachait autant d'importance aux crus des cidres qu'on le fait actuellement, pour les grands crus des vins de Bourgogne et de Bordeaux. Les principaux crus étaient : l'*Épicé*, le *Doux-cru*, le *Vesque*, le *Guillot-Royer*, etc... François I⁰ʳ étant venu dans le Cotentin en 1532 et ayant été charmé par la saveur de l'*épicé*, en avait emporté une barrique. Les cidres précédemment cités étaient des cidres composés avec une seule espèce de pommes. Leurs noms sont ceux des espèces de pommes avec lesquelles ils avaient été fabriqués. Mais, à côté du rôle joué par les espèces de pommes, les Normands, dès cette époque, s'étaient aperçus que les terrains sur lesquels poussaient les pommiers influençaient considérablement la qualité des cidres. Aussi, dans les manuscrits du xvi⁰ siècle, voit-on cités comme cidres de première qualité, dans le Cotentin, ceux de Tourlaville, Morsalines, Cerisy-la-Forest, Villodon, Crollon, Lolif, et enfin ceux de l'Avranchin...

d'Auge est le plus connu des Parisiens. En réalité, celui des environs de Coutances, ou plutôt de certaines régions des environs de Coutances, est encore supérieur. Il existe un certain nombre de crus, bien connus des paysans, et qui ont une saveur délicieuse. Chaque ferme a un certain nombre de plants de pommiers. Ces plants sont utilisés, en outre, pour la culture soit de certaines plantes (trèfle, tremaine, etc...), soit de certaines céréales (orge, blé, sarrasin); souvent enfin, le plant de pommiers sert également d'herbage. Il ne faut pas croire qu'il y a des pommes tous les ans. Si des gelées surviennent au moment où les pommiers sont en fleurs, la récolte des pommes est extrêmement faible et parfois même tout à fait nulle. « Il y a des pommes » parfois deux et trois ans de suite, puis pendant un, deux ou trois ans, il n'y en a pas. On boit du bon cidre (« bon bère ») lorsqu'il y a eu des pommes lors de la récolte précédente. Lorsque, au contraire, il n'y en a pas eu, les paysans sont obligés de couper d'eau le cidre récolté l'année précédente ou même deux ans auparavant. Le cidre est alors moins fort et comme, d'autre part, il est plus vieux, il est moins sucré, moins parfumé : il est donc plus faible et « plus dur ». Lorsque les pommes sont mûres, on les ramasse sous les pommiers et on les met en tas, afin qu'elles continuent à « se faire », c'est-à-dire à blettir un peu. Les pommes qui restent attachées aux arbres sont abattues avec une grande perche de bois; on dit « qu'on les gaule ». En octobre, novembre, on porte les pommes au pressoir. Chaque grande ferme a son pressoir, comme elle a sa boulangerie. Ce pressoir (1) est constitué par une auge circulaire en granit dans laquelle tournent deux grandes meules

(1) Ce sont, actuellement encore, les mêmes que ceux qui furent chantés par Le Houx.

pleines, faites de lourdes pièces de chêne assemblées (fig. 49).
Derrière la deuxième meule, se trouve un dispositif de bois qui
a pour but de rabattre les pommes vers le centre de l'auge
et de brasser les morceaux à demi écrasés afin de faciliter
leur écrasement complet aux tours suivants. Un cheval, attelé

Fig. 49. — Vieux pressoir normand.

en dehors des roues, et dont les yeux sont bandés pour lui
éviter le vertige, fait tourner ces lourdes meules. Lorsque
les pommes sont bien écrasées, on les ramasse avec une
pelle creuse spéciale et on les porte sur « les mées ». C'est
un plancher formé de grosses pièces de chêne. Au milieu,
dans les vieux pressoirs, s'élève une vis de bois actionnée
par le « rouet ». La vis repose à sa partie inférieure sur
une grande pièce de bois, « la brebis »; elle porte, d'autre

part, à sa partie supérieure, « le mouton », autre pièce de bois transversale destinée à appuyer sur les planches de chêne qui surmontent l'édifice des couches alternatives de paille et de pommes écrasées que l'on doit comprimer pour en faire ruisseler le jus des pommes. Sous le plancher se trouve une énorme cuve de granit, taillée dans un seul bloc; c'est « l'auge » dans laquelle vient s'écouler ce qui sera le cidre. Depuis quelques années, les vis de bois ont été remplacées par des vis d'acier. Sur le plancher (les mées), on dispose, comme je viens de le dire, alternativement une couche de pommes écrasées, puis une couche de glui (paille de blé battu au fléau), puis une couche de pommes et ainsi de suite. Sur le tout, on place de nouvelles planches sur lesquelles porte le « mouton » qui fait levier et qui est abaissé par la vis. On visse alors progressivement de manière à exercer une pression continue sur l'ensemble de l'échafaudage. De temps en temps, on redonne un tour de vis au fur et à mesure que l'ensemble se tasse. Le jus coule dans la cuve. On le recueille et on le met dans des grands foudres (pipes), cerclés de bois et contenant parfois 1.400 pots (un pot : deux litres). Le cidre renfermé dans ces immenses tonneaux subit une série de fermentations dans le détail desquelles je n'entre pas. Au bout de quelques mois, le cidre se présente sous son aspect normal. C'est une boisson claire, jaune d'or, ambrée, sucrée et très parfumée [fruitée]. Lorsque le fermier est à court du cidre de l'année précédente, on boit le nouveau cidre avant les fermentations.

Ce cidre, dit cidre doux, est trouble, très sucré et encore plus parfumé (goût des pommes mûres) que le cidre normal obtenu quelques mois plus tard.

Le « pur jus » est le cidre résultant de l'écrasement des pommes sans aucune addition d'eau. C'est uniquement du jus de pommes. En dehors du pur jus, dont chaque ferme prépare quelques tonneaux, on fait également du cidre obtenu en mélangeant, pendant le pilage, une certaine quantité d'eau aux pommes qu'on écrase. Ce cidre coupé d'eau s'appelle du « mitoyen ». Lorsqu'il y a peu d'eau, c'est du « bon mitoyen ».

Le marc du cidre n'est pas utilisé, en Normandie, comme l'est le marc du raisin, pour la fabrication d'une eau-de-vie. On l'utilise, quelquefois, comme engrais au pied de jeunes pommiers.

5° *Eau-de-vie de cidre.* Lorsque la récolte des pommes a été très abondante, et que le fermier normand a plus de cidre qu'il n'en a besoin pour l'année en cours et même les deux ou trois années suivantes (en prévision des mauvaises récoltes) ou bien, lorsqu'au moment où il commence à utiliser le nouveau cidre, il lui reste du cidre des années précédentes, il fait bouillir tout ce cidre de supplément ou de réserve pour obtenir de l'eau-de-vie de cidre. Cette coutume et ce privilège des bouilleurs de cru sont causes que tous les fermiers normands ont une large réserve d'eau-de-vie de cidre, et c'est là une véritable calamité pour la belle race normande. Dans les temps anciens, en effet, cette eau-de-vie de cidre n'était consommée qu'avec le café du dimanche, ainsi que les jours de marché ou de foire et à la fin des moissons. Depuis quelques années, malheureusement, les « journaliers » ont imposé l'habitude d'avoir du café tous les jours, au repas du midi. Et ce café est largement arrosé d'eau-de-vie de cidre. Le fermier qui ne consent pas à ce sacrifice, ne peut pas trouver d'ouvriers. Depuis quelque temps, certains fermiers, pour s'assurer une main-d'œuvre qui se faisait de plus en plus rare et que la guerre a encore raréfiée, vont même jusqu'à offrir, après le « guichon » de soupe du soir, une tasse de café et de l'alcool. Cette augmentation de la consommation de l'eau-de-vie de cidre a déterminé : *a*) une diminution générale de la taille et de la force physique des Normands; *b*) l'apparition de nombreuses malformations congénitales chez les enfants; *c*) l'augmentation considérable de la mortalité par la tuberculose. Tels sont les méfaits de l'abus de cette eau-de-vie de cidre (méfaits qui ne sont d'ailleurs pas particuliers à elle, puisque ce sont ceux de l'alcool en général) qui, quand elle était

Fig. 50. — Jeune Normand [devant la chasse d'entrée d'un manoir] habillé avec d'anciens vêtements : Pantalon et veste ronde en droguet; gilet de soie violette et mouchoir; chemise de toile et cravate de soie violette; vieille casquette de soie noire; vieux parapluie à bec de corne.

prise raisonnablement, était un des charmes des repas normands. Cette blonde eau-de-vie de cidre est, en effet, délicatement parfumée, grâce à sa richesse en éthers aromatiques qui lui donnent, au bout de quelques années, un bouquet très fruité. Cette véritable eau-de-vie de cidre ne peut être dégustée comme le bon cidre que chez les riches fermiers. Ceux-ci, faisant bouillir chaque année une certaine quantité de « pur jus », ont de vieilles eaux-de-vie de cidre qui, après s'être faites et colorées, pendant quelques années, dans un petit tonneau, ont été mises soit dans des « dames-jeannes » de grès (fig. 36), soit dans de grosses bouteilles de 2 ou 3 litres; ces bouteilles de vieille forme à long goulot et en verre grossier, de couleur verte, sont particulièrement jolies. Ces eaux-de-vie de cidre, provenant de pur jus de bons crus, bien soignées et vieilles de douze à quinze ans, ont perdu une partie de leur force en alcool et acquis, par contre, un arome exquis. Le calvados que l'on sert dans les cafés des villes, ne peut donner aucune idée de ce que peut être une vieille et bonne eau-de-vie de cidre.

Pour terminer, il nous faut signaler que quand il fait très froid, ou les jours de réjouissance, les paysans normands boivent ce qu'ils appellent « un flip », c'est-à-dire du cidre pur jus chauffé et additionné d'eau-de-vie de cidre et de sucre, mélange qui est fort grisant.

### Le Costume des Normands.

1° *Costumes pendant le* XVI<sup>e</sup>, *le* XVII<sup>e</sup> *et le début du* XVIII<sup>e</sup> *siècle.*

Les paysans portaient une chemise de grosse toile, une culotte courte ou *haut-de-chausses*, une sorte de gilet ou *brassière* et une veste ajustée à la taille ou *pourpoint*. Brassière et haut-de-chausses étaient, à l'état de neuf, de même étoffe et de même couleur que le pourpoint, lequel, selon les moyens et les goûts, était de toile, ou de drap, ou de velours ou de droguet ou de quelques autres étoffes moins connues,

Fig. 51. — Photographie d'un tableau représentant une fête champêtre (collection Stéphen Chauvet). Paysans avec chapeaux à larges bords, vestes courtes, culottes courtes et bas blancs (xviiie siècle). Paysannes en robes de droguet ou d'étoffe corsages plats; petites coiffes (type bavolet).

Le gris bleuté, le gris ardoise, le gris de fer, le violet prune, le brun rougeâtre, le marron noisette étaient les coloris les plus prisés. Le chef était protégé par un chapeau à larges bords, orné d'un galon. Les jambes, en dessous des hauts-de-chausses, étaient revêtues de bas de laine, généralement blancs, tout au moins les jours de liesse. Pour aller au travail les paysans mettaient souvent des *houzeaux* autour de leurs jambes. Les Normands citadins portaient des souliers bas en cuir noir, munis d'une boucle en fer étamé. Ces souliers étaient noircis avec de la suie et de l'huile. Les paysans ne mettaient guère de souliers que les dimanches et jours de fêtes. Pour les jours « ouvris » (jours ouvriers de la semaine), ils utilisaient surtout les sabots de bois. Par temps froid ou temps de pluie, les Normands s'enveloppaient dans un vaste manteau en drap de couleur marron, bleue ou écarlate.

Le *pourpoint* fut remplacé, dans le courant du xvii<sup>e</sup> siècle, par le *justaucorps* qui avait de grandes basques carrées qui descendaient jusqu'aux genoux, de vastes poches, de grands revers de manches et qui se boutonnait à l'aide de larges boutons de métal.

La paysanne portait, sur la chemise de toile, un *corselet* de coutil et un *jute* ou *casaquin* dont le bas était recouvert par le haut de la *cotte* ou jupe. Ce casaquin comportait des manches qui descendaient jusqu'aux poignets. Comme la cotte, il était parfois de couleur écarlate, couleur qui avait été très en vogue pendant tout le moyen âge, ou bien, et surtout lorsqu'il était en droguet, de ton foncé avec de larges rayures rouges ou violettes ou bleues.

*2° Costumes à la fin du xviii<sup>e</sup> siècle et pendant la première moitié du xix<sup>e</sup> siècle.*

Les hommes étaient (et sont encore) chaussés de sabots taillés dans un bloc de hêtre. Pour les dimanches et fêtes ils portaient autrefois (et il y a quelques années encore) des demi-bottes de cuir noir, sans laçage. Leurs pantalons, à pont, étaient en « droguet » de couleur marron ou bleu

Fig. 52. — Costumes de femmes normandes des environs de Coutances,
d'après des gravures anciennes.

foncé. Les paysannes, le soir venu, dévidaient et filaient la laine de leurs moutons à la lueur du « grasset » enfoncé dans le « bégat ». Cette laine était teinte (à Ouville en particulier), puis tissée à la main sur une trame de fil de lin par les vieux tisserands.

Ainsi était fait le droguet qui était une étoffe d'une extrême solidité. Le droguet pour hommes ou « étoffe » était pelucheux; celui pour vêtements de femmes était apprêté, foulé, pressé et lissé (1).

Le gilet, qui portait des manches de toile, était également en droguet. Très souvent, les premiers boutons du haut du gilet étaient

Fig. 53. — Normande portant le vieux mantelet normand à capuchon. Petit plissé sur tout le pourtour du capuchon et du mantelet.

seuls boutonnés. Le bas du gilet était entr'ouvert et maintenu par un grand mouchoir de toile à carreaux, noué d'un

(1) On en faisait encore il y a quelques années.

côté dans une boutonnière et enfoncé dans la poche du bas du gilet du côté opposé. Pour les fêtes et les dimanches, les paysans aisés avaient, à la fin de xviii<sup>e</sup> siècle, des gilets de soie, brodés : autour du cou, le long des boutonnières et sur les pattes recouvrant les poches.

Au début du xix<sup>e</sup> siècle, ils portaient des gilets en soie brochée à fleurs de couleur violet clair sur fond noir ou violet foncé. Ces gilets avaient été, généralement, achetés à l'occasion du mariage. Sur le gilet, les paysans mettaient, le jour des noces et les jours de fête, une petite veste courte en étoffe de droguet.

La chemise était en pure toile à gros grain, tissée à la main. Elle portait un petit col rabattu sous lequel les paysans glissaient soit un foulard de soie, noué, soit un petit ruban noir.

Les dimanches ordinaires ou les jours de foire, les paysans ne portaient pas de veste mais recouvraient leur gilet d'une blouse (la plaude) de toile bleue foncée ou presque noire ; les jours de cérémonie on la mettait « toute dépelliante neuve ». Cette blouse n'avait qu'une ouverture à la partie supérieure par laquelle on « coulait » la tête. Cette ouverture laissait voir le col, le foulard et un peu du haut du gilet. Les plus belles blouses étaient ornées de broderies blanches autour des poignets, sur le haut des épaules et sur le devant de la blouse, de chaque côté de l'ouverture, [sur la *falle* (la poitrine), comme disaient les paysans]. Plus tard, certaines blouses furent boutonnées sur toute la hauteur du devant, avec de nombreux boutons de nacre. Par-dessus la blouse, on mettait par temps froid ou par la pluie, la *limousine* que Barbet d'Aurevilly affectionnait tant.

Les chapeaux d'hommes, sous Louis XV et Louis XVI étaient en feutre et avaient de larges bords. Le fond était bombé. Au début du siècle dernier, vers 1820, les paysans portèrent, les dimanches et jours de fête, le chapeau genre haut de forme, pelucheux et évasé à la partie supérieure. Sous semaine, les « jour ouvri » comme ils disaient, ils portaient pendant l'hiver, un bonnet de laine tricotée et l'été, un bonnet de coton à pompon qu'ils dénommaient « un tricolore », parce qu'ils étaient rayés de bleu, de blanc et de rouge. Plus tard, divers modèles de casquettes se généralisèrent (casquettes en feutre avec ou sans protège-oreilles (relevés); casquettes à pont en soie, etc…); depuis quelques années, les casquettes sans protège-oreilles et les melons se partagent la faveur des paysans! On rencontre aussi parfois quelques chapeaux mous, qui n'ont aucun caractère local.

Les *Normandes* avaient des jupes de droguet, soit d'une seule couleur (bleu, marron ou noir), soit rayé à larges bandes (par exemple bandes rouges alternant avec des bandes violet foncé). En se mariant, les Normandes apportaient plusieurs jupes. Chacune était accompagnée d'un « apollon » d'indienne unie ou rayée et d'une paire de poches, séparées, qu'un lacet nouait à la taille.

Les droguets étaient fabriqués soit par les petits tisserands répartis dans toutes les localités, soit par les grandes fabriques d'Argentan, de Valognes, de Vire et de Saint-Lô. Quelques jupes étaient confectionnées avec d'autres étoffes : draps et ratines d'Écouché, serges de Falaise, d'Alençon, de Verneuil, de Logny, frocs forts de Lisieux et de Bernay, berluches à trame de fil d'Argentan. Ces étoffes étaient presque inusables, parce que fabriquées avec de la bonne laine et soigneusement. Les corporations des drapiers n'avaient pas le droit, sous peine d'amende et de confiscation, d'employer des laines « de pelures, d'abats, de moraines, de bourres » et autres de « mauvais aloi ».

Le corsage était de « droguet » ou d'étoffe. Le bas du

Fig. 54. — Devant la porte de la salle commune d'un manoir : Normande, habillée d'étoffe de droguet, portant le petit châle de soie, le tablier de toile imprimée et la grande coiffe normande (ou bonnet rond). Dans ses mains : vieux parapluie avec véritables baleines [et petit manche de corne] et vieille canne de cuivre. (Reconstitution de l'ancien costume des Normandes vers 1850.)

corsage était parfois garni d'un bord de velours noir. Ce

corsage était recouvert d'un large *châle*, ou *fichu* plié en
deux, dont la pointe pendait dans le dos et dont les bouts
étaient entrecroisés sur la poitrine, et retenus par une épingle
en or, représentant une fleur aplatie munie de sa queue et
d'une ou deux feuilles. Les châles les plus simples étaient

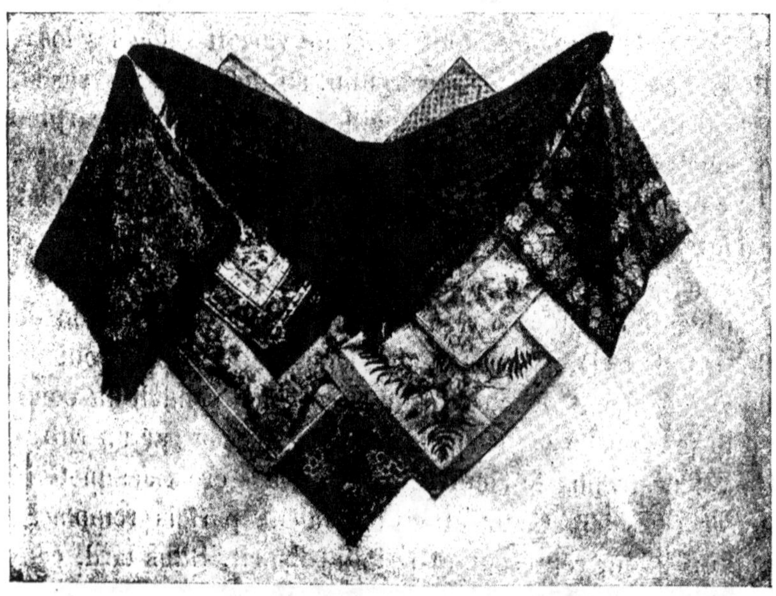

Fig. 55. — Divers châles normands anciens, les uns en soie [avec ou sans franges],
les autres en toile, ou en coton, avec impressions de dessins en couleurs.

en toile imprimée, semés de fleurs ou de palmes genre
cachemire. Leurs coloris réalisaient des associations chro-
matiques toujours jolies. Les fonds vert olive et jaune ocre,
étaient les plus répandus. D'autres châles étaient en cretonne, ou en indienne, ou en laine. Les châles les plus riches
étaient en soie noire et violette. Le fond violet dominait.
Ces châles splendides portaient sur deux côtés seulement
(puisqu'ils étaient pliés en biais) une frange de chenilles

ou d'effilés de même couleur. Les paysannes en deuil avaient des châles de soie noire, sur lesquels elles mettaient une fois en place, un deuxième petit triangle de soie noire frangé sur les bords. Au-devant ou au-dessous du châle s'appliquait la bavette du *tablier*. Ce dernier, muni ou non de poches, était « en toile de fil » ou en indienne, ou en soie, ou en taffetas gorge de pigeon. Le costume était complété par le *mantelet*, dont la forme variait selon les localités. Les riches Normandes, enfin, au début du XIX$^e$ siècle, portaient de longs gants à mailles et des petits escarpins à boucles. Quand il pleuvait, elles avaient parfois des sortes de pantoufles en cuir souple de couleur noire qui s'enfonçaient dans d'élégants petits sabots, à claque en cuir et à semelle en bois. Ces semelles étaient articulées grâce à une bande de cuir, clouée au niveau du pli de flexion de l'avant-pied (1). Il existait aussi des petits sabots tout en bois. Au-devant du châle, sur le corsage, pendait un cœur en argent ou en or, suspendu autour du cou par un ruban de velours. Sous le cœur se trouvait la « croix Jeannette » en or (fig. 56). Cœur et croix étaient parfois remplacés par un bijou, représentant le Saint-Esprit. [Plus tard, certaines Normandes portèrent, autour du cou, une sorte de chaîne d'or ou de doublé appelée « esclavage » ou « servage ».] Du côté de Saint-Lô, la croix Jeannette était remplacée par une croix d'argent ornée de « strass » enchatonnés et parfois de petites pierres naturelles : grenat, etc... Ces bijoux étaient les bijoux traditionnels des Normandes. Il faut y ajouter les grands anneaux d'or ou d'argent, ou les

_______________

(1) J'ai offert une paire de ces petits sabots articulés au musée d'ethnographie d'Honfleur. Fait curieux, les Allemands ont fabriqué, pendant la guerre, des chaussures pour les civils, qui étaient en cuir mais avaient une semelle de bois, articulée comme celle des anciens petits sabots normands.

Fig. 56. — De haut en bas et de gauche à droite : cœur et croix Jeannette,
croix dite de Saint-Lô ; agrafe de mante ; bijou de Saint-Esprit. (Coll. L. Leclerc.)

pendeloques parfois garnis de strass qui pendaient aux oreilles. Quelques Normandes avaient des montres ognons, à clefs, contenant à l'intérieur de superbes *coqs* en cuivre ciselé (1). Il faut signaler, enfin, les *boucles de ceintures* et les *agrafes d'argent* qui servaient à accrocher les *mantes à capuchon* que portaient toutes les Normandes.

*Les Coiffes.* Les coiffes normandes, toutes plus gracieuses les unes que les autres, qu'elles soient du pays de Caux, d'Honfleur, de Lisieux, de Caen, de Vire, de Falaise, d'Argentan, d'Alençon, de Cherbourg, d'Avranches, de Coutances, dérivent du hennin médiéval, rendu plus seyant et moins encombrant par le bon goût et le sens pratique de nos aïeules. Elles furent créées au début du xix\ : siècle.

Auparavant, vers 1570, les dames de Caen et de Coutances avaient adopté pendant quelque temps, une coiffure ressemblant à celle d'Élisabeth d'Autriche.

Plus tard, les premières coiffures consistèrent, pour les femmes de condition inférieure, en un serre-tête agrémenté de broderies, de dentelles ou de rubans.

Puis vinrent les *bonnets piqués* (fig. 57) qui paraissent avoir précédé un peu les grands bonnets ronds. Mais, même lorsque la mode eut généralisé les bonnets ronds, pour les fermières aisées, on les vit porter, sous semaine, le bonnet piqué hérité de leurs mères, qui était plus pratique et moins onéreux; car le bonnet rond coûtait fort cher [achat et entretien]. Il fallait en effet le donner à laver, à repasser et à remonter après chaque sortie ou presque. Il était si fragile et craignait tellement l'ondée ou le « crachin » de notre pays que les Normandes ne sortaient guère sans un vaste parapluie dont les baleines étaient soit en vraie baleine, soit

(1) Il existe, au musée du mont Saint-Michel, une très belle collection de coqs de montre.

en bois; ces vieux parapluies avaient presque toujours un petit
bec en corne (fig. 54).

Les bonnets piqués étaient coniques et faits en grosse
toile blanche; ils étaient parcourus de piqûres diagonales

Fig. 57. — Bonnets piqués (au centre) et grandes coiffes normandes
(aux deux extrémités) reposant sur un châle de toile normand.

faites à la main et ornés de dessins brodés en laine bleue
représentant des fleurs (fig. 57).

Plus tard, vinrent les grandes coiffes, dont la forme variait
non seulement selon les localités, mais encore pour une
même région. C'est ainsi qu'à Coutances, il en existait
plusieurs modèles qui se portaient encore pendant la première moitié du xixᵉ siècle.

Comme il a déjà été dit, ces coiffes coûtaient souvent fort cher. Les servantes économisaient pendant des années pour en avoir une belle. Les fermières riches les payaient jusqu'à 1.000 et 1.500 francs, selon les dentelles qui les ornaient. Certaines coiffes, comme celles du pays de Caux, contenaient jusqu'à neuf aunes de dentelles!

Les plus anciennes coiffes étaient ornées de ces merveilleuses dentelles d'Alençon au point de France, que les Normandes se transmettaient de mères en filles. C'est Colbert qui, en 1665, avait créé, à Alençon, des ateliers de dentellières pour lutter contre l'importation des dentelles étrangères et qui, pour les lancer, en avait imposé la mode à la cour de France.

Plus tard, en 1820, la dentelle d'Alençon commença à être délaissée pour la dentelle de Malines et la Valenciennes, qui coûtaient moins cher.

Il est à remarquer que, pendant la Révolution, les Normandes ne modifièrent pas la forme de leurs coiffes et n'adoptèrent pas les coiffures révolutionnaires et que, plus tard, elles négligèrent les excentricités, imitées de l'antique, du premier Empire. Le bon sens et le traditionalisme de nos compatriotes triomphèrent de la mode.

Les coiffes étaient montées sur des fonds de carton, recouverts de papier glacé, généralement bleu, qui emboîtaient la tête. Sur le bord antérieur de ces fonds de coiffes, étaient placés des petits ornements de cuivre représentant des feuilles, des fleurs, ou des abeilles. Sur ce carton, étaient attachés des fils de cuivre qui soutenaient intérieurement la coiffe et lui permettaient d'avoir sa forme particulière. A la partie postérieure de la coiffe, se trouvait un nœud de ruban en soie, dont les deux bouts pendaient sur la nuque. Sur le devant de la coiffe, se plaçaient des épingles à boules d'or ou de doublé qui fixaient la coiffe sur le fond de carton et la garantissaient des caprices du vent. Certaines coiffes étaient, en outre, retenues par une gorgère de velours.

Il y a une cinquantaine d'années, les belles coiffes tombèrent en désuétude. Elles furent remplacées par de petits bonnets, munis d'une sorte de visière en toile amidonnée. Les très vieilles Normandes en portent encore (fig. 4). Ces bonnets furent détrônés, à leur tour, par de simples bonnets ronds, ornés de rubans. Enfin, malheureusement, depuis quelques années, les jeunes paysannes ont abandonné les bonnets qui, sans avoir le cachet luxueux des vieilles coiffes, leur seyaient assez bien, pour adopter des chapeaux, imitant plus ou moins la mode des villes et qui leur vont fort mal. Il est navrant de constater que les pouvoirs publics n'ont rien fait pour lutter, soit par des conférences, soit par des articles de journaux, contre cet état de choses.

### Le Patois normand du bas Cotentin.

> Le patois, la langue merveilleuse de mon pays...
> Je suis plus patoisant que littéraire et encore
> plus normand que français.
>
> Barbey d'Aurevilly (1).

L'idiome normand n'est pas absolument un patois; c'est de la langue d'oïl, mélangée de français corrompu et de quelques très rares mots, plus ou moins déformés, d'origine northmanne (2).

(1) Célèbre romancier français, né à Saint-Sauveur-le-Vicomte (Manche), en 1808. Mort à Paris en 1889. Auteur des *Diaboliques*, de l'*Ensorcelée* (description de la lande de Lessay), du *Chevalier des Touches* (dont l'évasion se passe à la prison de Coutances), de *Une vieille maitresse*, des Œuvres et hommes du XIX<sup>e</sup> siècle », etc.

(2) Exemple : Bruman = fiancé, etc.

Aux environs de Coutances, comme dans toute la Basse-Normandie, on traîne un peu lentement sur les phrases; on allonge les périodes et on cadence les mots. Les Normands prononcent : *queminée, quien* (chien), *assembiaie* (assemblée), *viâs* (veaux), *bestiâs* (bestiaux).

Le patois normand du bas Cotentin fourmille de mots imagés et pleins de pittoresque, qui lui confèrent une grâce naïve et une saveur toute particulière. En voici quelques échantillons : *Haricoter* (lésiner, marchander), *flé* (fléau), *amouillante* (vache prête à vêler), *gauler des poûmes* (abattre des pommes), *hâpper* (attraper), *se mûchir* (se cacher), *dévaler* (descendre), *préchi* (parler), *espérer* (attendre), *knaille* (enfant), *horzain* (l'étranger à la Normandie), *la falle* (la poitrine), *rapsodayes* (racontars, histoires), *cachi* (conduire, mener devant soi; exemple : *cachi ein g'va* (chasser, devant soi, un cheval). La *cache* (chasse, avenue), *être emmâsuré* (vivre en concubinage avec une femme), *déculotter* une personne (payer ses dettes), être *enculotté* (avoir des dettes), être *déculotté* (être séparé de biens).

La Normandie, la chose est notoire, est la province qui a fourni à la France la plupart des écrivains célèbres dont elle s'enorgueillit (1).

Il n'entre pas dans le cadre de ce travail d'étudier l'œuvre

(1) *Prosateurs :* Robert Wace (*Roman de Rou*), Hamilton, Duhamel, Saint-Evremond, abbé Castel de Saint-Pierre, Fontenelle, M^lle de Scudéry, Bernardin de Saint-Pierre, Octave Feuillet, Barbet d'Aurevilly, Léopold Delisle, Flaubert, Guy de Maupassant, Albert Sorel, Octave Mirbeau, Jean Lorrain, Remy de Gourmont, Henry de Regnier, Lucie Delarue-Mardrus, R. de Flers, etc.

*Poètes :* Marie de France, Jean Marot, Olivier Basselin, Alain Chartier, Jean le Houx, Jean Doublet, Vauquelin de la Fresnaye, Robert Angot, F. de Malherbe, Saint-Amand, Pierre Corneille, Thomas Corneille, Boisrobert, Segrais, Sarrazin, Chênedollé, Malfilatre, Amelot, Casimir Delavigne, G. Le Vavasseur, A. Glatigny, A. et C. Fremine, P. Harel, Louis Beuve, M. Leboulanger, etc.

de ces hommes illustres, anciens et modernes, qui ont fait
œuvre de *littérateurs français,* non plus que de citer les
prosateurs et les poètes normands qui ont décrit ou chanté,
en *langue française,* la Normandie, les Normands et les
usages normands, et qui ont fait œuvre de *littérateurs
normands.* Je n'ébaucherai pas, non plus, une étude des
prosateurs et poètes patoisants, anciens et contemporains
et de leurs œuvres, parce que cette étude m'entraînerait
soit à traiter de régions de la Normandie qui ne font pas
l'objet de ce travail, soit à citer des œuvres en patois ancien,
trop différent du patois actuel. Comme je n'ai que le dessein
de donner une idée de ce qu'est l'actuel patois normand,
spécialement dans le bas Cotentin, je me contenterai d'ex-
traire des œuvres de certains littérateurs patoisants un conte
et deux poèmes qui permettront d'apprécier la saveur du
patois normand des environs de Coutances et aussi le rare
talent des littérateurs patoisants qui en sont les auteurs.
Après un conte de F. Enault, plein de bonhomie gaie et
de malice normande, le lecteur pourra apprécier la naïve
et charmante *Déclaration* du délicieux poète patoisant
Ch. Leboulanger, et enfin la dramatique et puissante *Vendue* du grand poète Louis Beuve.

## LA CALIPETTE (1).

Not't'churé a-z'eu do li dans san probytère, quasi tout
c't'été, eun moussieu prêtre qu'est professeux dans un graind

<hr>

(1) *François Enault,* peintre et prosateur normand contemporain, né à
Varenguebec le 28 mai 1869, décédé à Paris le 24 nov. 1918. Longtemps ré-
dacteur en chef de la *France illustrée,* il a publié de divers côtés, et en particulier dans le « *Bouais-Jan* » et le *Journal de la Manche,* de nombreux
contes patoisants fort savoureux et qui dépeignent bien le caractère normand.
Ses toiles fort appréciées, sont consacrées, presque toutes, à des scènes de
la vie normande : Il est le Millet du Cotentin.

seminaire, je n'sais pu dans qui diocèse! Mais c'hest eun houmme raide savaint et qui nos a fait des sermons tous ces dimanches, que ch'en était coumme une mission. Ah mais, j'vos caotionne qu'y disait d'bounnes vérités et pé c'modes a r'teurqui!... bi seûr!

Cha fait que Catheraine Loustalot, not'vaisinne qui fait tréjours garder Pierre pour aller à la graind'messe, en a été presque convertie. Quaind l'prédicateu, dans ieun d'ses drenis sermons r'commandit ès gens la fête du Rosaire et yeux dit du haot d'la quaire, qu'y s'tiendrait à yeux disposition toute l'après-médi du sanmedi, Catheraine s'promînt bi d'aller li porter sa mouture!

Dème, cha s'peut qu'ol en sentit l'besouain itou, la pourre cryature, car, entre nous, ch'est pas pour ri n'en dire, mais si vous la connaissiez, y a des jours où qu'ol est pus incarnée qu'la fème au saint homme Job qui n'valait pourtaint pas chi n'tout!

V'la don que l'sanmedi au sé, au couchi du solei, Catheraine qui met sa bounette et ses soulis, chainge de caraco, et qui s'en va à confesse, après avoir froumé sa porte et muchi sa clié dans eune petite cafounnette qu'est le long d'la paré d'sa cour!

En s'n'allaint, o passit devaint la maison des Pitous. Justinément, la Pitoue retchurait sa paile sus san pavé.

— Y où qu'tu t'en vas? qu'o li dit. Vas-tu renonchi à Moussieu l't'churé pour faire puchi ta linsive par l'prédicateu?...

— Ma fé, que dit Catheraine, ch'est un homme qu'a l'air si avenaint que cha n'me fera pé de ma de lui conter mes chinq sous.

— Vère, mais, que fit Pitou, qui renfonçait eun panni dans l'mitan de s'n'aire, vère, mais, Catheraine, prenez garde à la penitenche qu'y va vos douner!...

— Et pour qui don? que fît Catheraine.

— Oh! que répounit Pitou en riaint, pasqué vous êtes maleinne et qu'vous en méritez eune bounne!

— Eh bi, cha sera s'n'affaire et la minne, que fît Catheraine, eun miot séquement.

Eh bi vère, mais quaind Pitou vit qu'o c'menchait déjà à s'monter, y n'la làquit pé coumme cha vous savez bi!...

— Bi seûr, bi seûr, qu'y dit, cha sera s'n'affaire, mais cha n's'ra p't'ête pé la vôtre!... Car je m'sis laissi dire que ces moussieus du graind séminaire qui sont si savaints, n'counnaissent pé les besouains des pourres gens dans les parouesses et qu'y yeux donnent à faire des pénitenches coumme jannais no n'en a veu illo le long!... Ch'est au-dessus des forches, ch'est pourqui!...

— A la gràce du boun Dieu, que fît Catheraine, y sera tréjous temps de renonchi à porter san bissac s'il est pus lourd que celui que j'vas li bailli?... J'm'en vas!...

— Catheraine, que fît la fème à Pitou, tu m'rendrais service si tu voulais emmener l'petit Guste aveu té; il a fait sa proumire communion c't'annaie et, ma fé, pis qu'chest fête demain, j'vas li envier?...

— Pourqui que tu n'li condis pé té même; t'en érais co pus besouain que li!...

— Faut que j'berche l'petiot pendaint qu'y sera parti... Et pis j'vas te dire, j'ainme mùs qu'il aille devaint!... Si l'petiot vît me redire que çu mossieu là n'est pé trop bruta dans l'confessionna, j'vais y'aller dans la sairaint!...

— T'es de précaotion, ma pourre Mélanin, que li fît Catheraine en riaint.

— Dème, que fît la Pitoue, coumme dit m'n'homme, cha n'est pé les pus savaints qu'y vos rechèvent les mùs, et y a de ces moussieus du loin qui vos baillent pus de minsères que d'indulgences. Cha fait que j'ainme mùs que man petiot sait arvenun pour m'y en aller.

— Eh bi, vis-t-en, Guste, j'n'allons pé nos abuser en quemin, ni d'allaint, ni d'arvenaint, que dit Catheraine, car j'ai enco bi d'l'ouvrage à faire premi que je n'sais couchie.

Y s'en fùtent don tous deux, mais, tout le long du quemin, Catheraine avait la tête rabùquie par l'idée d'la pénitenche que ce graind prédicateu allait li dounner!...

Quant y-z'arrivitent Guste et li dans l'église, l'prédicateu était à dire san brévîre à l'autel de la bounne virge. Au bout de dos trais minutes, y s'levit et s'en vint tout drait d'yeux côté et y dit à Catheraine :

— Je vais commencer par votre petit garçon...

— Ah mais, cha n'est pé le mien, moussieu l'Abbé, ch'est le deuxiyme à Pitou la Chopaine qu'est not'vaisin !

— Bien, que fit l'abbé en riant, je vais commencer par lui afin de vous donner le temps de faire votre examen de conscience...

— J'vos r'mercie, moussieu l'Abbé, que fit Catheraine, mais j'counnais à peu près ma leçon !

— Eh bien repassez-la; vous la réciterez mieux !

Le confessoux commenchit don par le p'tit Pitou!. Le pourre petiot s'accusit de c'qu'y pouvait et coumme no z'allait li dounner l'absolution, v'la qu'i dit bi vite : ...

— Pardonnez-mé, man père, mais j'allais oublier de qué!... J'm'accuse d'aver fait la calipette devaint les filles dans l'mitan d'l'allée du chimetire!...

— Comment? qu'est-ce que tu as fait devant les filles?...

— La calipette, man père!...

— La calipette!... Qu'est-ce que cela, mon fils?

— Ch'est la calipette, man père!...

— J'entends bien!... mais est-ce un mot que l'on dit?...

— Vère, no dit : J'vas faire eune calipette!...

— Et à qui dit-on cela?...

— Es p'tiots qui sont là!... Mé, j'lai dit ès filles eun matin que moussieu l't'churé nos renvyit sains catéchisme pour aller à la conférenche!...

— Et après, mon enfant?

— Après!... pour n'pé en aver le démenti, je fis la calipette dans l'mitan d'l'allée du chymetire!...

— Mais alors, si tu la fis après l'avoir dit, c'est une action?

— P'tête bi, man père!...

— Une mauvaise action?...

— Je n'en sais ri!... No fait la calipette.

— Explique-moi comment cela se fait?

— Eh bi, v'là, man père!... no se met à genoux, pis nos calipette t'chu par-dessus tête et l's'aôtres vos guettent faire!...

— Je ne comprends pas du tout ce que tu me racontes!... Est-ce un péché?...

— Ch'est eune calipette!...

— Je ne comprends pas et cependant, je ne puis t'absoudre, s'il y a lieu, sans savoir de quoi il s'agit!... Montre-moi comment tu fais une calipette?...

— Ichin?... dans l'confessionna?...

— Mais, oui!

— Je n'érais pé l'chaimp d'la faire dans c'te boite illo, man père. Y faut d'la vaie pour faire eune jolie calipette.

— Eh bien, que fit l'abbé, impatienté, sors dans la chapelle et fais une calipette devant le confessionnal!...

Cha fait que l'petit Pitou sortit de d'sous le ridet et au biau mitan d'la chapelle, y fit, nom de nom, eune calipette coumme janmais les saints de d'dans l'église n'en avaient veu

ieune!... Pis, y se r'coulit dans le confessiouna et l'prédicateu li dit : « Si tu les réussis toujours aussi bien il n'y a
point péché!... Seulement fais-les dans d'autres endroits!... »

Et y le renvyit.

Qui qu'y fut bi-n'eberlusée de çu manège-là, cha fut Catheraine, vous pensez bi!... O n'en créyait pé ses urs de vais
l'petit Pitou sorti du confessiounna et faire la calipette
taindis que l'savaint prédicateu ouvrait san viquet pour mûs
l'guetti!...

Ol'en était suffoquie d'saisissement la pourre Catheraine
et o marmiounnait en disaint san chapelet :

— Seigneur Jésus, Pitou m'lavait bi dit, dans les villes y
n'confessent pé coumme à la caimpangne!... Ma fé, j'vas y
renonchi!...

Vère, mais y n'était pus temps : Guste Pitou était relàqui
et l'abbé faisait singne à Catheraine de s'appréchi!... O n'osit
pé r'fuser, mais sitôt qu'o fut à genoux dans l'confessiounna,
la trembiotte la print et, avaint même de dire ieun d'ses
péchis, o dit au confessoux :

— Hélos, man père, ayez piti de mé, séyez indulgent et
ne m'dounnez pé la pénitenche que vos venez de dounner au
petit Pitou, car, pour seùr, man père, je n'pourrais pé faire
la calipette dans l'mitan d'l'église coumme y vit d'la faire !

François ENAULT.

(Jean Frinot, du moulin d'Angonnet, qui fait pus d'brit qu'd'effet!)

## LA DÉCLARATION (1)

« Bounsei, Phonsein', v'lo qu'z allez traire,
« Dounez que j'vous port' vot'trayous!
« Vous allez bi? Et ciz vot'mère,
« J'espèr' que c'est tout comm ciz nous? »
Et Jean, le jouquet sûs l'z'épaôles
Jusque dans la pyich s'en allit.
Les sians que les vir'nt pensir'nt drôle,
L'lend'man, dans l'bourg, nous en caôsit.

Pour seur il aimait bi Phonseine,
Ou n'tait pas bi belle, y avait mùs,
Yen avait itou d'pus vilaines;
Pis tout jann' i s'étaient counnus!
Jean s'demandait comment li dire
Que dedpis longtemps i l'aimait :
I l'espérait près d'sa barryire,
Mais, quand on v'nait, dame, i s'taisait!

(1) Extrait de *Ciz nous*, recueil de poésies en patois des environs de Coutances (Imprimerie Lemasson, Saint-Lô, 1908, 2e édition), par Charles Leboulanger.

*Charles Leboulanger*, né à Cerisy-la-Salle en 1880. — Poète patoisant normand contemporain. A publié : 1º *Ciz nous* (deuxième série en préparation) 2º *Le Braconnier* (comédie normande). Son œuvre se peint par ces lignes mises en exergue de la 2e série de *Ciz nous* :

« Ma muse est paysanne. En langage rustique,
« Reliquaire des mots légués par nos aïeux.
« Je chante mon pays rude et mélancolique,
        « Tel un marin les soirs d'adieux.
« Mais sous la blouse bleue en pur chanvre tissée
« Un cœur bat fortement, qu'un amour entretient.
« Laisse-moi, Normandie, où s'endort ma pensée,
        « Clamer que cet amour est tien. »

Eun coup, y print tout san courage,
Et dit : « Boun sang, c'est pour angni ! »
Et quand y fut quitte de s'n ouvrage
Par çiz la fille i s'en allit.
Juste, comm' i saôtait la haie,
I la vit' v'nin l'long du quéret
Roug' comm' eun' piône après l'ondée ;
I s'en fut au d'vant l'artrouvaer :


« Dit's donc, Phonsein', faôt que j'vous caôse
« De d'quei que j'pense' ded'pis longtemps ;
« J'en syis tout drôl', à peine si j'aôse...
« Pourtant no s'est vu tout madians.
« Enfin.. faôt tout d'mêm'bi qu'je l'dise :
« J'mets eun miot d'ergent tous les ans
« Pour m'établyi à la V'nell' grise,
« Où qu'demeuraient défunts nos gens.


« Coumm'ça, si z'aviez eu l'idée
« D'vous mette itou dans vot'maison...
« Not' famille est bi ranoumée,
« Dans niport' qui coin du canton.
« Et mei, j'vous aim'bi, j'vous l'asseure...
« Voulous m'laissi vous embrachi ?
« Dès d'main au sei, sùs l'coup d'huit heures,
« A vot'mère j'irai en prêchi.


— « Maman m'trouv'ra p'têt' cor bi qu'naille
« Et j'y ind' rud'ment à fair' valai...
« J'sais pas si ou voudra qu' j'm'en aille,
« J'crais qu'o s'ra du à décidaer....
« Pour mei, je s'rais raid' bi contenté,

« J' serions si gentiment ciz nous!

. . . . . . . . . . . . . . . . . . . . . . . . .

« V'nez pa la cache à la Durante,
« J' tâcherai d'êtr' au bas d' l'amontous.

L'lend'main au sai, à l'heur' conv'nue
Nous entendit l'brit d'ses sabots.
Phonsein' qu'en était tout' émue
En écurit bi ma ses brocs....
Il en préchit vite à la mère.
Ciz nous nou n'fait pas d'complyiments,
Pis qui z'avaient su tous deis s'piaire
Ça fut tout d'suit' deux prétendants.

Et, trois s'main's après à Coutances,
C'était la grand'fair' Saint-Michi;
Fallai veis Jean, do compiaisance,
De sa Phonsein' portaer l'pannyi.
I z'y restit'nt tout' l'arlevée,
Allit'nt veis les curiosités,
Sûs les g'vas d'bronz' fit'nt quiqu's tournées,
N'oublyir'nt pas d'prend' du café.

Phonsein' hallit ès grand's lot'ries,
C'est co ça qui l'entêtait l'pùs;
Ou gagnit eun' soupyir' fleurie
Qui dans l'vaiss'ly f'rait nou n'peut mùs.
Nou dit qu'c'est pour bitòt l'mariage,
Qui z'ont tous deis pas mal d'ergent....
Ça s'ra eun gentil p'tit ménage
Et qu'eira seur'ment d' l'agrément.

---

# LA VENDEUE

Poésie normande de Louis Beuve (1).

Patois des régions de Lessay,
La Haye-du-Puits et du Cotentin.

Angni, que les mait's, sùs leues terres,
Ont bi de la pouène à s'ravàer,
Des pours fermis yen a biau faire
Qui n'sav' pâé seul'ment étalàer ;
Ch'est coumm' Mait' Gueuste, d'la Quesnaie
A forch' de tréjous s'attergi,
Un jou, sans bounn'houmm' rabat-jouaie
L'fit saisi à la Saint-Michi !

## LA VENDUE

(La vente par saisie). Traduction de Léon Gosset.

Aujourd'hui que les propriétaires, sur leurs terres,
Ont bien de la peine à se tirer,
Des pauvres fermiers, combien il y en a
Qui ne peuvent pas seulement durer !
Ainsi, maître Guste, de la Chesnaye :
A force de toujours se mettre en retard,
Un jour, son bonhomme rabat-joie
L'a fait saisir, à la Saint-Michel.

(1) Louis Beuve, né à Quettreville (près Coutances) en 1869, d'une famille originaire de Lessay. Sa biographie a paru dans : *Les Poètes du Terroir*, tome III, p. 529 (Delagrave, éditeur, Paris). Normand aimant avec ferveur sa province natale, il a produit vingt et un fascicules de poésies patoisantes qui ont paru chez Jacqueline, éditeur à Saint-Lô. Ses chansons sont, comme l'a écrit Rémy de Gourmont, de véritables tableaux de mœurs, qui transportent le lecteur ou l'auditeur au milieu des paysans et qui sont écrites en un patois que Beuve « écrit avec pureté » et « manie avec verve » (R. de Gourmont). C'est le plus notoire représentant de la poésie patoisante bas-normande à l'époque actuelle. — La VENDEUE fut écrite en 1900.

L'Huissi et san crious
Gueulaint coumm' deux pitous,
S'y r'trouvitt'nt, un biau jou !
Vère, et tout' la foul' qu'était v'neue'n !
Des geins jusque d'par Tq'chu-du-Pünt,
D'Querente et d'Saint'Mareie-du-Münt,
Pour assistàer à la vendeûe,
      Sa vendeûe.

> L'huissier et son crieur,
> Gueulant comme deux putois,
> S'y retrouvèrent, un beau jour !
> Oui, et toute la foule qui était venue.
> Des gens de jusque de Chef-du-Pont,
> De Carentan et de Sainte-Marie du Mont
> Pour assister à la vente,
>     Sa vente.

I disaient : « Gueust' louait d'bell'z' Herbages
« Dains l'hâot-pays, par Querquebut ;
« Et, dains les fair', dans tous ses viages,
« C'hest qu' i mougniait pùs d'un eq' tchu !
« Qt'cheu li, ch'était eun' vràe pil'reie :
« Deux coups la s'mouenn' la soupe au bœu ;
« Et des dainniàs ! D'la chai rôteie !!
« C'qui la perdèû, chest san bouon coeu ».

> Ils disaient : « Guste louait de beaux herbages.
> Dans le haut-Pays, par Carquebut,
> Et dans les foires, dans tous ses voyages.
> Dame, il mangeait plus d'un écu !
> Chez lui, c'était un vrai pillage :
> Deux fois par semaine la soupe au bœuf :
> Et des dîners ! de la viande rôtie !
> Ce qui l'a perdu, c'est son bon cœur. »

L'Huissi et san crious
Gueullitt'nt coumm' deux pitous :
« *Allons, les bounn'geins, allons! yèt'ous?* »
Mais, tq'cheu li, s'muchaint à leue veue,

Mait' Gueust' dains sa graind chaimbre en haôs,
Bougui derrir' ses biaux ridiaôs,
Pieurrait en guettaint la vendeùe,
    Sa vendeùe !

> L'huissier et son crieur
> Gueulèrent comme deux putois :
> « *Allons, les bonnes gens, allons, y êtes-vous ?* »
> Mais, chez lui, se cachant à leur vue,
> Maitre Guste, dans sa grande chambre, en haut.
> Tapi derrière ses beaux rideaux
> Pleurait en voyant la vente...
>     Sa vente !

Dains la cour pienn' de grou et d'plyïse,
Grâce ou bouon gros bair' que versait
L'graind-valet qui faisait l'service,
Tout l'petit meubl'h'l, deîm, cha s'fiambait !
Jeain qu'était saôs — que no m'contit ! —
Acatit un rain, pour eunn' gerche
Et le pouyit acco bi chi !

> Dans la cour pleine de purin et de varech,
> Grâce au bon gros cidre que versait
> Le grand valet qui faisait le service,
> Tout le petit meuble, dame, ça se flambait !
> Ça fit tout un sacré commerce :
> Jean, qui était saoul —à ce que l'on me conta—
> Acheta un bélier pour une gerse
> Et la paya encore bien cher !

L'Huissi et san crious
Gueulitt'nt coumm' deux pitous :
« *Allons, Jeain, lev' lyi acco la coue !* »
Mais, tq'cheu li, s'muchaint à leue veue,
Mait' Gueust', dains sa graind chaimbre en haôs,
Bougui derrir' ses biaux ridiaôs,
Pieurrait en guettaint la vendeùe
    Sa vendeùe !

L'huissier et son crieur
Gueulèrent comme deux putois :
*Allons, Jean, lève-lui encore la queue!*
Mais chez lui, se cachant à leur vue,
Maitre Guste, dans sa chambre, en haut,
Tapi derrière ses beaux rideaux
Pleurait en voyant la vente,
Sa vente!

L'graind alzain qui, sûs la carriole,

Dréchait la tête et l'vait les pyids,

Nou ne l'vendit qu'treint-chyînt pistoles;

Aôteint, ma fei, l'bailli pour ryi!

Pyis, cha feût l'tou d'la poulich' naire,

Qu'avait valeu— tel que j'vôs l'dis!—

Pùs d'huit cheints fraincs au qt- chu d'la mère :

Yeunn' des pus bell's rach's du pays!

Le grand alezan qui sur la carriole
Dressait la tête et levait les pieds,
On ne le vendit que trente-cinq pistoles,
Autant, ma foi, le donner pour rien!
Puis ce fut le tour de la pouliche noire
Qui avait valu, comme je vous le dis,
Plus de huit cents francs au derrière de la mère :
Une des plus belles races du pays!

L'Huissi et san crious

Gueulitt'nt coumm' deux pitous :

*Allons, les bounn'gens, pour sésaint' pistoles, la voulous?*

Pieurraint sa fîrtàe rabatteue,

Mait' Gueust, dans sa graind chaimbre en haôs,

Muchi derrir' ses biaux ridiaôs

Erjuait en guettaint la vendeue,

Sa vendeùe!

L'huissier et son crieur
Gueulèrent comme deux putois :
*Allons les bonnes gens pour soixante pistoles, la voulez-vous?*
Pleurant sa fierté rabattue,

> Maître Guste, dans sa grande chambre, en haut,
> Caché derrière ses beaux rideaux,
> Enrageait en voyant la vente,
>     Sa vente!

Après l'quéton et la graind trie,

L'z'avers jusqu'au dregni vêtu,

Nou s'en allit sous la quertrie

You qu'nou vendit le vùs tapp' tchu :

Ch'était eunne anciann' bell' vaiteure :

Et, quaind mait' Gueust' sortait d'avet,

Ri qu'au trot d'sa bidett' d'alleure,

D'pùs d'eunn' lùe louân nou l'counnaissait!

> Après l'âne et la grande truie,
> Les cochons jusqu'au dernier vêtu (de soie),
> On s'en alla sous la charreterie
> Où on vendit le vieux tape-cul,
> C'était une ancienne belle voiture
> Et quand Maître Guste sortait avec,
> Rien qu'au trot de sa bidette d'allure
> De plus d'une lieue loin on le connaissait.

L'Huissi et san crious

Gueulitt'nt coumm' deux pitous :

*Allons, les bounn'geins, pour tquinz'francs et tquinz'*

*sous, le voulous?*

. . . Ch'n'était pus l'teimps où dans les reùes,

A Prie, coumme eun fo, i l'allait...

Ach' teu' coumme eun q'naille i pieurrait,

Pieurrait, en guettaint la vendeùe,

    Sa vendeùe!

> L'huissier et son crieur
> Gueulèrent comme deux putois :
> *A llons, les bonnes gens, pour quinze francs et quinze sous, la voulez-vous?*
> . . . Ce n'était plus le temps où dans les rues,
> A Périers, comme un fou, il allait...
> A cette heure, comme un enfant, il pleurait,
> Pleurait en voyant la vente,
>     Sa vente!

Pyis, la braindie qu'était haôs pienne ;
L'tauret qu'no z'amm'nit tout baônàé ;
L'gros boeu cailli qui, sùs eunn' trainne,
Tout sou, pouvait m'naêr un tounnet !
Cha s'vendait pùs ma qu'dains les faires !
Et, coumme i fallait bi d' l'ergent,
Nous se j'tit sùs les bell'z ' ormouêres
Et tout l'mobili qu'était yains ?

> Puis, la « braindie » qui était haut pleine,
> Le taureau qu'on amène les yeux bandés,
> Le gros bœuf moucheté qui, sur une traine,
> Tout seul pouvait tirer un tonneau !
> Ça se vendait plus mal que dans les foires !
> Et comme il fallait bien de l'argent,
> On se jeta sur les belles armoires
> Et tout le mobilier de l'intérieur.

L'Huissi et sans crious
Gueulitt'nt coumm' deux pitous :
*Allons, les bounn'geins, la grande armouère si bi
n'arss' sculptàe, les bell' queminzes, les biaux draps qui
n'sont piié d'la telle d'acat, les biaux doublys, les voulous ?*
La feimme à Gueust', toute éperdeüe,
Dains un couân d'sa graind-chaimbre en haôs,
(Sa bell' chaimbre qu'avait pus d'ridiaôs !)
Pieurrait en guettaint la vendeüe,
Sa vendeüe !

> L'huissier et son crieur
> Gueulaient comme deux putois :
> « *Allons, les bonnes gens, la grande armoire si bien sculptée,
> Les belles chemises, les beaux draps qui ne sont pas de toile d'achat,
> Les beaux doubliers (nappes), les voulez-vous ?...* »
> La femme de Guste, toute éperdue,
> Dans un coin de sa grande chambre, en haut,
> (Sa belle chambre qui n'avait plus ses rideaux
> Pleurait en voyant la vente.
> Sa vente.

La bounn'-Virg ou pi du calvaire
N'a p'tètt' paé veu d'quai d'aussi deù
Que ch'té pour feimm' que ch'té pour mère,
Quaind o vit tout san fait... vendeù !
O s'évanain, ch'té pour Marêie,
Quaind un houmm' qui s'sentait un mio,
Dains la chaimbre enl'vit d'eunn' brachie
L'vùs ber en bouais d'san défunt p'tiot !


La bonne Vierge au pied du Calvaire,'
N'a peut-être pas vu quelque chose d'aussi dur
Que cette pauvre femme, que cette pauvre mère
Quand elle vit tout son bien vendu !
Elle s'évanouit, cette pauvre Marie,
Quand un homme un peu éméché
Dans la chambre enleva d'une brassée
L'ancien berceau de bois de son enfant défunt !


L'Huissi et san crious
Gueulitt'nt coumm' deux pitous :
*Allons, vous aôtes, la junesse bouonne à mayer, pour*
*un et franc et trouais sous, l'voulous?*
Mais, Mait' Gueust', la raison perdeùe,
D'vallit, poussaint des sacremeints,
Car i v'lait mainchi tous les geins
Qui mettaient d' sùs la vendeùe,
Sa vendeùe !


L'huissier et son crieur
Gueulaient comme deux putois :
*Allons, vous autres, la jeunesse bonne à marier, pour un franc et trois*
*sous, le voulez-vous?...*
Mais Maître Guste, la raison perdue.
Descendit, poussant des sacrements,
Car il voulait massacrer tous les gens
Qui mettaient dessus à la vente,
Sa vente.

Li, qui, d'vaint les Moussieus d'l'ermùnte,
Aôt' fais coumme un co se dréchait,
Un matin, i creut mouri d'hùnte,
En emportaint san restaint d'fait ;
Et, l'long d'ses pyich's, tous les vùs hètres
Trouvitt'nt chenna bi n'étounnaint
D'vais parti Gueust' dont l'z' Aincêtres
Mourùtt' ilo d' pyis trouais cheints ains !

> Lui qui, devant les Messieurs de la Remonte,
> Autrefois, comme un coq se dressait,
> Un matin, il crut mourir de honte
> En emportant son reste de bien.
> Et, le long de ses champs, tous les vieux hêtres
> Trouvèrent cela bien étonnant
> De voir partir Guste dont les ancêtres
> Moururent là depuis trois cents ans.

D'l'huissi et d'san crious,
Gueulaint coumm' deux pitous,
Ah naôn, l'pour houmm' n'en avait pùs pous !
Mais, en quittaint sa belle av'neue'n,
Nou z'eirait dit san enterr'ment
Taint i s'n'allait si tristement,
Peinsaint acco à la vendeùe,
        Sa vendeùe !

> De l'huissier et de son crieur
> Gueulant comme deux putois,
> Ah non, le pauvre homme n'avait plus peur,
> Mais en quittant sa belle avenue,
> On aurait dit son enterrement
> Tant il s'en allait tristement
> Pensant encore à la vente,
>         Sa vente !

I mourut sùs dyis vergies d'terre,
Ma fei d'deu ; pas à l'hopita !

Sa feimm', qu'eut pourtaint d'la minsère!'
Avait trop d'glorieuss'tàe pour cha!...
Il faût prins d'ma, la matinàe...
Et nou m'contit que, quaind l'qt' churàe
Li portit l'Bouon-Guieu, l'erlavàe,
Savous bi qui qu'i creût qu'ch'était?...

> Il mourut sur dix vergées de terre,
> Ma foi : pas à l'hôpital!
> Sa femme, qui eut pourtant de la misère,
> Avait trop de fierté pour cela...
> Il fut pris de mal la matinée :
> Et on m'a raconté que quand le curé
> Lui porta le Bon Dieu l'après-midi,
> Savez-vous bien qu'il crut que c'était?

L'Huissi et san crious,
Gueulaint coumm' deux pitous :
*Allons, les bounn'geins, san pour malheureux mio d'res-*
*taint d'fait, pour trouais cheints fraincs, le voulous?*
Quaind ch'est le Bouon-Guieu qui vous teue,
C'hest acco d'quai bi naturei....
Mes pour Bounn'geins, c'hest byi'n aòt' sei,
Quaind ch'est la peinsàe d'eunn' vendeùe,
D'sa vendeùe!

> L'huissier et son crieur
> Gueulant comme deux putois :
> *Allons les bonnes gens, son pauvre malheureux petit reste de bien, pour*
> *trois cents francs, le voulez-vous?*
> Quand c'est le Bon Dieu qui vous tue,
> C'est une chose encore naturelle,...
> Mes pauvres bonnes gens, c'est bien une autre affaire
> Quand c'est la pensée d'une vente,
> De sa vente!

———————

# BIBLIOGRAPHIE

---

Liste de quelques ouvrages dans lesquels les lecteurs qui s'intéressent à l'histoire de la Normandie, à la littérature normande et aux usages de cette province, pourront trouver des documents intéressants :


Louis Beuve. *Poésies et chansons normandes.* Jacqueline, éd., Saint-Lô.

Van Bever. *Les Poètes du terroir du XV<sup>e</sup> au XX<sup>e</sup> siècle,* tome III, Delagrave, éditeur, Paris.

Le Bouais-Jan. *Revue Normande illustrée* (Directeurs-Fondateurs : R. Rappart et F. Enault), 67, rue Saint-Jacques, Paris.

De Gaumont. *Statistique monumentale du Calvados,* chez Le Blanc-Hardel, 2, rue Froide, à Caen, 1867.

De Gerville. *Études géographiques et historiques sur le département de la Manche.* -- Feuardent, éd., à Cherbourg, 1854.

*Le Journal du Sire de Gouberville,* publié sur la copie du manuscrit original faite par M. l'abbé Tollemer, avec une introduction et un appendice par Eugène de Robillard de Baurepaire, Secrétaire de la Société des Antiquaires de Normandie, 1892, à Caen, chez H. Delesques, 2 et 4, rue Froide.

Joret. *Dictionnaire du Patois normand,* s. d., gr. in-8.

Ch. Leboulanger. *Cis nous. Poésies en patois des environs de Coutances,* Lemasson, éd., Saint-Lô.

Léon Le Clerc. *Le Pays normand.* 81, rue Saint-Léonard, Honfleur.

*Le Livre du millénaire de la Normandie.* Ficker, éd., 4, rue de Savoie.

A. Albert-Petit. *Histoire de Normandie.* Boivin et C°, éditeurs.

Poinsot. *Anthologie des poètes normands contemporains.* Floury, éd., Paris.

Jean Revel. *Histoire des Normands.* Librairie Charpentier, Paris, 1918.

Enfin tout l'œuvre de Barbey d'Aurevilly.


---

# TABLE DES MATIÈRES




TYPOGRAPHIE FIRMIN-DIDOT ET C<sup>ie</sup>. — MESNIL (EURE).

www.ingramcontent.com/pod-product-compliance
Lightning Source LLC
LaVergne TN
LVHW012022170726
843503LV00001B/363